Angelus Silesius

Cherubinischer Wandersmann

Angelus Silesius: Cherubinischer Wandersmann

Entstanden: Die ersten fünf Teile entstanden vermutlich zwischen 1653 und 1657 und erschienen zuerst: Wien (Johann Jacob Kürner) 1657, der sechste Teil wurde zuerst in der 2. Auflage des Werks, Glatz (Ignatz Schubarth) [1675], gedruckt. Die Texte folgen jeweils den Erstdrucken.

Neuausgabe mit einer Biographie des Autors
Herausgegeben von Karl-Maria Guth
Berlin 2016

Der Text dieser Ausgabe folgt:
Angelus Silesius: Sämtliche poetische Werke in drei Bänden. Band 3, Herausgegeben und eingeleitet von Hans Ludwig Held, München: Hanser, 1952.

Die Paginierung obiger Ausgabe wird hier als Marginalie zeilengenau mitgeführt.

Umschlaggestaltung von Thomas Schultz-Overhage unter Verwendung des Bildes: Johannes Scheffler (Strichzeichnung)

Gesetzt aus der Minion Pro, 11 pt

Verlag: Henricus - Edition Deutsche Klassik GmbH
Mörchinger Str. 33, 14169 Berlin, info@henricus-verlag.de
Druck: Libri Plureos GmbH, Friedensallee 273, 22763 Hamburg

Die Ausgaben der Sammlung Hofenberg basieren auf zuverlässigen Textgrundlagen. Die Seitenkonkordanz zu anerkannten Studienausgaben machen Hofenbergtexte auch in wissenschaftlichem Zusammenhang zitierfähig.

ISBN 978-3-8619-9620-0

Bibliografische Information der Deutschen Nationalbibliothek

Die Deutsche Nationalbibliothek verzeichnet diese Publikation in der Deutschen Nationalbibliografie; detaillierte bibliografische Daten sind im Internet über www.dnb.de abrufbar.

Inhalt

Erstes Buch

1. Was fein ist, das besteht

Rein wie das feinste Gold, steif wie ein Felsenstein,
Ganz lauter wie Kristall soll dein Gemüte sein.

2. Die ewige Ruhestätt

Es mag ein andrer sich um sein Begräbnis kränken
Und seinen Madensack mit stolzem Bau bedenken,
Ich sorge nicht dafür: mein Grab, mein Fels und Schrein,
In dem ich ewig ruh, solls Herze Jesu sein.

3. Gott kann allein vergnügen

Weg, weg, ihr Seraphim, ihr könnt mich nicht erquicken,
Weg, weg, ihr Heiligen und was an euch tut blicken.
Ich will nun eurer nicht, ich werfe mich allein
Ins ungeschaffne Meer der bloßen Gottheit ein.

4. Man muß ganz göttlich sein

Herr, es genügt mir nicht, daß ich dir englisch diene
Und in Vollkommenheit der Götter vor dir grüne.
Es ist mir viel zu schlecht und meinem Geist zu klein;
Wer dir recht dienen will, muß mehr als göttlich sein.

5. Man weiß nicht, was man ist

Ich weiß nicht, was ich bin; ich bin nicht, was ich weiß;
Ein Ding und nit ein Ding, ein Stüpfchen und ein Kreis.

6. Du mußt, was Gott ist, sein

Soll ich mein letztes End und ersten Anfang finden,
So muß ich mich in Gott und Gott in mir ergründen
Und werden das, was er: ich muß ein Schein im Schein,
Ich muß ein Wort im Wort,[1] ein Gott in Gotte sein.

7. Man muß noch über Gott

Wo ist mein Aufenthalt? Wo ich und du nicht stehen.
Wo ist mein letztes End, in welches ich soll gehen?
Da, wo man keines findt. Wo soll ich denn nun hin?
Ich muß noch über Gott in eine Wüste ziehn.[2]

8. Gott lebt nicht ohne mich

Ich weiß, daß ohne mich Gott nicht ein Nu kann leben;
Werd ich zunicht, er muß von Not den Geist aufgeben.[3]

9. Ich habs von Gott und Gott von mir

Daß Gott so selig ist und lebet ohn Verlangen,
Hat er sowohl von mir als ich von ihm empfangen.

10. Ich bin wie Gott und Gott wie ich

Ich bin so groß wie Gott, er ist als ich so klein;
Er kann nicht über mich, ich unter ihm nicht sein.

1   Thaul. istit. spir. c. 39.
2   i.e. über alles daß man an Gott erkennt oder von ihm gedänken kan,
      nach der verneinenden beschawung, von welcher Suche bey den Mijsticis.
3   Schawe in der Vorrede.

11. Gott ist in mir und ich in ihm

Gott ist in mir das Feur und ich in ihm der Schein;
Sind wir einander nicht ganz inniglich gemein?

12. Man muß sich überschwenken

Mensch, wo du deinen Geist schwingst über Ort und Zeit,
So kannst du jeden Blick sein in der Ewigkeit.

13. Der Mensch ist Ewigkeit

Ich selbst bin Ewigkeit, wenn ich die Zeit verlasse
Und mich in Gott und Gott in mich zusammenfasse.

14. Ein Christ so reich als Gott

Ich bin so reich als Gott, es kann kein Stäublein sein,
Das ich (Mensch, glaube mir) mit ihm nicht hab gemein.

15. Die Über-Gottheit

Was man von Gott gesagt, das gnüget mir noch nicht,
Die Über-Gottheit ist mein Leben und mein Licht.

8

16. Die Liebe zwingt Gott

Wo Gott mich über Gott nicht sollte wollen bringen,
So will ich ihn dazu mit bloßer Liebe zwingen.[4]

17. Ein Christ ist Gottes Sohn

Ich auch bin Gottes Sohn, ich sitz an seiner Hand:
Sein Geist, sein Fleisch und Blut ist ihm an mir bekannt.

---

4   Vid., no. 7.

18. Ich tue es Gott gleich

Gott liebt mich über sich; lieb ich ihn über mich,
So geb ich ihm so viel, als er mir gibt aus sich.

19. Das selige Stillschweigen

Wie selig ist der Mensch, der weder will noch weiß,
Der Gott, versteh mich recht, nicht gibet Lob noch Preis.[5]

20. Die Seligkeit steht bei dir

Mensch, deine Seligkeit kannst du dir selber nehmen,
So du dich nur dazu willst schicken und bequemen.

21. Gott läßt sich, wie man will

Gott gibet niemand nichts, er stehet allen frei,
Daß er, wo du nur ihn so willst, ganz deine sei.

22. Die Gelassenheit

So viel du Gott geläßt, so viel mag er dir werden;
Nicht minder und nicht mehr hilft er dir aus Beschwerden.

23. Die geistliche Maria

Ich muß Maria sein und Gott aus mir gebären,
Soll er mich ewiglich der Seligkeit gewähren.

24. Du mußt nichts sein, nichts wollen

Mensch, wo du noch was bist, was weißt, was liebst und hast,
So bist du, glaube mir, nicht ledig deiner Last.

9

---

5   Denotatur hic Oratio silentij, de qua vide Maximil. Sandæ. Theol. mystic.
     lib. 2, comment. 3

25. Gott ergreift man nicht

Gott ist ein lauter Nichts, ihn rührt kein Nun noch Hier:[6]
Je mehr du nach ihm greifst, je mehr entwird er dir.

26. Der geheime Tod

Tod ist ein selig Ding: je kräftiger er ist,
Je herrlicher daraus das Leben wird erkiest.

27. Das Sterben macht Leben

Indem der weise Mann zu tausendmalen stirbet,
Er durch die Wahrheit selbst um tausend Leben wirbet.

28. Der allerseligste Tod

Kein Tod ist seliger als in dem Herren sterben
Und um das ewge Gut mit Leib und Seel verderben.[7]

29. Der ewige Tod

Der Tod, aus welchem nicht ein neues Leben blühet,
Der ists, den meine Seel aus allen Töden fliehet.

30. Es ist kein Tod

Ich glaube keinen Tod; sterb ich gleich alle Stunden,
So hab ich jedesmal ein besser Leben funden.

6   i.e. Zeit und Ort.

7   i.e. Umb GOttes willen auch Leib und Seel ins äuserste verderben hin-
     geben: Wie Moses uns Paulus sich erbotten und vil andere Heiligen.

31. Das immerwährende Sterben

Ich sterb und lebe Gott: will ich ihm ewig leben,
So muß ich ewig auch für ihn den Geist aufgeben.[8]

32. Gott stirbt und lebt in uns

Ich sterb und leb auch nicht:[9] Gott selber stirbt in mir,
Und was ich leben soll, lebt er auch für und für.[10]

33. Nichts lebt ohne Sterben

Gott selber, wenn er dir will leben, muß ersterben;
Wie, denkst du, ohne Tod sein Leben zu ererben?

34. Der Tod vergöttet dich

Wenn du gestorben bist und Gott dein Leben worden,
So trittst du erst recht ein der hohen Götter Orden.

35. Der Tod ists beste Ding

Ich sage, weil allein der Tod mich machet frei,
Daß er das beste Ding aus allen Dingen sei.

36. Kein Tod ist ohne ein Leben

Ich sag, es stirbet nichts; nur daß ein ander Leben,
Auch selbst das peinliche, wird durch den Tod gegeben.

---

8   mystice i.e. resignare.

9   Quia originaliter ab ipso profluit virtus mortificationis. Item secundum
    Paul: 2. cor. 3. 10. mortificationem Jesu.

10   vivo, jam non ego, sed Christus in me.

37. Die Unruh kommt von dir

Nichts ist, das dich bewegt, du selber bist das Rad,
Das aus sich selbsten läuft und keine Ruhe hat.

38. Gleichschätzung macht Ruh

Wenn du die Dinge nimmst ohn allen Unterscheid,
So bleibst du still und gleich in Lieb und auch in Leid.

39. Die unvollkommne Gelassenheit

Wer in der Hölle nicht kann ohne Hölle leben,
Der hat sich noch nicht ganz dem Höchsten übergeben.

40. Gott ist das, was er will

Gott ist ein Wunderding: er ist das, was er will,
Und will das, was er ist, ohn alle Maß und Ziel.

41. Gott weiß sich selbst kein Ende

Gott ist unendlich hoch. Mensch, glaube das behende;
Er selbst findt ewiglich nicht seiner Gottheit Ende.

42. Wie gründet sich Gott?

Gott gründt sich ohne Grund und mißt sich ohne Maß;
Bist du ein Geist mit ihm, Mensch, so verstehst du das.

43. Man liebt auch ohne Erkennen

Ich lieb ein einzig Ding und weiß nicht, was es ist;
Und weil ich es nicht weiß, drum hab ich es erkiest.

44. Das Etwas muß man lassen

Mensch, so du etwas liebst, so liebst du nichts fürwahr.
Gott ist nicht dies und das, drum laß das Etwas gar.

45. Das vermögende Unvermögen

Wer nichts begehrt, nichts hat, nichts weiß, nichts liebt, nichts will,
Der hat, der weiß, begehrt und liebt noch immer viel.

46. Das selige Unding

Ich bin ein seligs Ding, mag ich ein Unding sein,
Das allem, was da ist, nicht kund wird noch gemein.

47. Die Zeit ist Ewigkeit

Zeit ist wie Ewigkeit und Ewigkeit wie Zeit,
So du nur selber nicht machst einen Unterscheid.

48. Gottes Tempel und Altar

Gott opfert sich ihm selbst: ich bin in jedem Nu
Sein Tempel, sein Altar, sein Betstuhl, so ich ruh!

49. Die Ruh ists höchste Gut

Ruh ist das höchste Gut: und wäre Gott nicht Ruh,
Ich schlöße vor ihm selbst mein Augen beide zu.

50. Der Thron Gottes

Fragst du, mein Christ, wo Gott gesetzt hat seinen Thron?
Da, wo er dich in dir gebieret, seinen Sohn.

51. Die Gleichheit Gottes

Wer unbeweglich bleibt in Freud, in Leid, in Pein,
Der kann nunmehr nicht weit von Gottes Gleichheit sein.

52. Das geistliche Senfkorn

Ein Senfkorn ist mein Geist; durchscheint ihn seine Sonne,
So wächst er Gotte gleich mit freudenreicher Wonne.

53. Die Tugend sitzt in Ruh

Mensch, wo du Tugend wirkst mit Arbeit und mit Müh,
So hast du sie noch nicht, du kriegest noch um sie.

54. Die wesentliche Tugend

Ich selbst muß Tugend sein und keinen Zufall wissen,
Wo Tugenden aus mir in Wahrheit sollen fließen.

55. Der Brunnquell ist in uns

Du darfst zu Gott nicht schrein, der Brunnquell ist in dir;
Stopfst du den Ausgang nicht, er fließet für und für.

56. Das Mißtraun schmäht Gott

So du aus Mißvertraun zu deinem Gotte flehest
Und ihn nicht sorgen läßt, schau, daß du ihn nicht schmähest.

57. In Schwachheit wird Gott gefunden

Wer an den Füßen lahm und am Gesicht ist blind,
Der tue sich dann um, ob er Gott irgends findt.

58. Der eigen Gesuch

Mensch, suchst du Gott um Ruh, so ist dir noch nicht recht:
Du suchest dich, nicht ihn, bist noch nicht Kind, nur Knecht.

59. Wie Gott will, soll man wollen

Wär ich ein Seraphin, so wollt ich lieber sein,
Dem Höchsten zu gefalln, das schnödste Würmelein.

60. Leib, Seele und Gottheit

Die Seel ist ein Kristall, die Gottheit ist ihr Schein;
Der Leib, in dem du lebst, ist ihrer beider Schrein.

61. In dir muß Gott geboren werden

Wird Christus tausendmal zu Bethlehem geboren
Und nicht in dir, du bleibst noch ewiglich verloren.

62. Das Äußre hilft dir nicht

Das Kreuz zu Golgatha kann dich nicht von dem Bösen,
Wo es nicht auch in dir wird aufgericht, erlösen.

63. Steh selbst von Toten auf

Ich sag, es hilft dir nicht, daß Christus auferstanden,
Wo du noch liegen bleibst in Sünd und Todesbanden.

64. Die geistliche Saeung

Gott ist ein Ackersmann, das Korn sein ewges Wort,
Die Pflugschar ist sein Geist, mein Herz der Saeungsort.

65. Armut ist göttlich

Gott ist das ärmste Ding, er steht ganz bloß und frei:
Drum sag ich recht und wohl, daß Armut göttlich sei.

66. Mein Herz ist Gottes Herd

Wo Gott ein Feuer ist, so ist mein Herz der Herd,
Auf welchem er das Holz der Eitelkeit verzehrt.

67. Das Kind schreit nach der Mutter

Wie ein entmilchtes Kind nach seiner Mutter weint,
So schreit die Seel nach Gott, die ihn alleine meint.

68. Ein Abgrund ruft dem andern

Der Abgrund meines Geists ruft immer mit Geschrei
Den Abgrund Gottes an: Sag, welcher tiefer sei?

69. Milch mit Wein stärket fein

Die Menschheit ist die Milch, die Gottheit ist der Wein;
Trink Milch mit Wein vermischt, willst du gestärket sein.

14

70. Die Liebe

Die Lieb ist unser Gott, es lebet alls durch Liebe:
Wie selig wär ein Mensch, der stets in ihr verbliebe!

71. Man muß das Wesen sein

Lieb üben hat viel Müh: wir sollen nicht allein
Nur lieben, sondern selbst, wie Gott, die Liebe sein.

72. Wie sieht man Gott

Gott wohnt in einem Licht, zu dem die Bahn gebricht;
Wer es nicht selber wird, der sieht ihn ewig nicht.

73. Der Mensch war Gottes Leben

Eh ich noch etwas ward, da war ich Gottes Leben:[11]
Drum hat er auch für mich sich ganz und gar gegeben.

74. Man soll zum Anfang kommen

Der Geist, den Gott mir hat im Schöpfen eingehaucht,
Soll wieder[12] wesentlich in ihm stehn eingetaucht.

75. Dein Abgott, dein Begehren

Begehrst du was mit Gott, ich sage klar und frei,
(Wie heilig du auch bist) daß es dein Abgott sei.

76. Nichts wollen macht Gott gleich

Gott ist die ewge Ruh, weil er nichts sucht noch will;
Willst du ingleichen nichts, so bist du eben viel.

77. Die Dinge sind geringe

Wie klein ist doch der Mensch, der etwas groß tut schätzen
Und sich nicht über sich in Gottes Thron einsetzen!

---

11 Joh. I. Quod est in ipso', vita erat.

12 Wahrhafftig, gäntzlich, inniglich, also Wesentliche einkehrung beym
Blosio instit. c. 3 num. 8.

78. Das Geschöpf ist nur ein Stüpfchen

Schau, alles, was Gott schuf, ist meinem Geist so klein,
Daß es ihm scheint in ihm ein einzig Stüpfchen sein.

79. Gott trägt vollkommene Früchte

Wer mir Vollkommenheit, wie Gott hat, ab will sprechen,
Der müßte mich zuvor von seinem Weinstock brechen.

80. Ein jedes in dem Seinigen

Der Vogel in der Luft, der Stein ruht auf dem Land,
Im Wasser lebt der Fisch, mein Geist in Gottes Hand.

81. Gott blüht aus seinen Zweigen

Bist du aus Gott geborn, so blühet Gott in dir
Und seine Gottheit ist dein Saft und deine Zier.

82. Der Himmel ist in dir

Halt an, wo laufst du hin, der Himmel ist in dir;
Suchst du Gott anderswo, du fehlst ihn für und für.

83. Wie kann man Gottes genießen

Gott ist ein einges Ein; wer seiner will genießen,
Muß sich nicht weniger als er in ihn einschließen.

84. Wie wird man Gott gleich

Wer Gott will gleiche sein, muß allem ungleich werden,
Muß ledig seiner selbst und los sein von Beschwerden.

85. Wie hört man Gottes Wort

So du das ewge Wort in dir willst hören sprechen,
So mußt du dich zuvor von Unruh ganz entbrechen.

86. Ich bin so breit als Gott

Ich bin so breit als Gott, nichts ist in aller Welt,
Das mich, o Wunderding, in sich umschlossen hält.

87. Im Eckstein liegt der Schatz

Was marterst du das Erz? der Eckstein ists allein,
In dem Gesundheit, Gold und alle Künste sein.

88. Es liegt alles im Menschen

Wie mag dich doch, o Mensch, nach etwas tun verlangen,
Weil du in dir hältst Gott und alle Ding umfangen?

89. Die Seele ist Gott gleich

Weil meine Seel in Gott steht außer Zeit und Ort,
So muß sie gleiche sein dem Ort und ewgen Wort.

90. Die Gottheit ist das Grüne

Die Gottheit ist mein Saft; was aus mir grünt und blüht,
Das ist sein heilger Geist, durch den der Trieb geschieht.

91. Man soll für alles danken

Mensch, so du Gott noch pflegst um dies und das zu danken,
Bist du noch nicht versetzt aus deiner Schwachheit Schranken.

92. Wer ganz vergöttet ist

Wer ist, als wär er nicht und wär er nie geworden,
Der ist, o Seligkeit, zu lauter Gotte worden.

93. In sich hört man das Wort

Wer in sich selber sitzt, der höret Gottes Wort,
Vernein es, wie du willst, auch ohne Zeit und Ort.

94. Die Demut

Die Demut ist der Grund, der Deckel und der Schrein,
In dem die Tugenden stehn und beschlossen sein.

95. Die Lauterkeit

Wenn ich die Lauterkeit durch Gott geworden bin,
So wend ich mich, um Gott zu finden, nirgends hin.

96. Gott mag nichts ohne mich

Gott mag nicht ohne mich ein einzigs Würmlein machen;
Erhalt ichs nicht mit ihm, so muß es stracks zukrachen.

17

97. Mit Gott vereinigt sein ist gut für ewige Pein

Wer Gott vereinigt ist, den kann er nicht verdammen,
Er stürze sich denn selbst mit ihm in Tod und Flammen.

98. Der tote Wille herrscht

Dafern mein Will ist tot, so muß Gott, was ich will;
Ich schreib ihm selber vor das Muster und das Ziel.

99. Der Gelassenheit gilts gleich

Ich lasse mich Gott ganz; will er mir Leiden machen,
So will ich ihm sowohl als ob den Freuden lachen.

100. Eins hält das Andere

Gott ist so viel an mir, als mir an ihm gelegen,
Sein Wesen helf ich ihm, wie er das meine hegen.

101. Christus

Hört Wunder! Christus ist das Lamm und auch der Hirt,
Wenn Gott in meiner Seel ein Mensch geboren wird.

102. Die geistliche Goldmachung

Dann wird das Blei zu Gold, dann fällt der Zufall hin,
Wenn ich mit Gott durch Gott in Gott verwandelt bin.

103. Auch von derselben

Ich selbst bin das Metall, der Geist ist Feur und Herd,
Messias die Tinktur, die Leib und Seel verklärt.

104. Noch von ihr

Sobald durch Gottes Feur ich mag geschmelzet sein,
So drückt mir Gott alsbald sein eigen Wesen ein.

105. Das Bildnis Gottes

Ich trage Gottes Bild: wenn er sich will besehn,
So kann es nur in mir, und wer mir gleicht, geschehn.

106. Das Ein ist in dem Andern

Ich bin nicht außer Gott und Gott nicht außer mir:
Ich bin sein Glanz und Licht und er ist meine Zier.

107. Es ist noch alles in Gott

Ists, daß die Kreatur aus Gott ist ausgeflossen:
Wie hält er sie dann noch in seiner Schoß beschlossen?

108. Die Rose

Die Rose, welche hier dein äußres Auge sieht,
Die hat von Ewigkeit in Gott also geblüht.[13]

109. Die Geschöpfe

Weil die Geschöpfe gar in Gottes Wort bestehn,
Wie können sie dann je zerwerden und vergehn?

110. Das Gesuche des Geschöpfes

Vom ersten Anbeginn und noch bis heute zu
Sucht das Geschöpfe nichts als seines Schöpfers Ruh.

111. Die Gottheit ist ein Nichts

Die zarte Gottheit ist ein Nichts und Übernichts:
Wer nichts in allem sieht, Mensch, glaube, dieser sichts.

112. In der Sonnen ists gut sein

Wer in der Sonnen ist, dem mangelt nicht das Licht,
Das dem, der außer ihr verirret geht, gebricht.

---

13   idealiter.

113. Jehova ist die Sonne

Nimm hin der Sonnen Licht; Jehova ist die Sonne,
Die meine Seel erleucht und macht sie voller Wonne.

114. Die Sonn ist schon genug

Wem seine Sonne scheint, derselbe darf nicht gücken,
Ob irgendwo der Mond und andre Sterne blicken.

115. Du selbst mußt Sonne sein

Ich selbst muß Sonne sein, ich muß mit meinen Strahlen
Das farbenlose Meer der ganzen Gottheit malen.

116. Der Tau

Der Tau erquickt das Feld; soll er mein Herze laben,
So muß er seinen Fall vom Herzen Jesu haben.

117. Nichts Süßes in der Welt

Wer etwas in der Welt mag süß und lieblich nennen,
Der muß die Süßigkeit, die Gott ist, noch nicht kennen.

118. Der Geist bleibt allzeit frei

Schließ mich, so streng du willst, in tausend Eisen ein,
Ich werde doch ganz frei und ungefesselt sein.

119. Zum Ursprung mußt du gehn

Mensch, in dem Ursprung ist das Wasser rein und klar,
Trinkst du nicht aus dem Quell, so stehst du in Gefahr.

120. Die Perle wird vom Tau

Die Schnecke leckt den Tau und ich, Herr Christ, dein Blut:
In beiden wird geborn ein kostbarliches Gut.

121. Durch die Menschheit zu der Gottheit

Willst du den Perlentau der edlen Gottheit fangen,
So mußt du unverrückt an seiner Menschheit hangen.

122. Die Sinnlichkeit bringt Leid

Ein Auge, das sich nie der Lust des Sehns entbricht,
Wird endlich gar verblendet und sieht sich selbsten nicht.

123. Gott klagt um seine Braut

Die Turteltaube klagt, daß sie den Mann verloren,
Und Gott, daß du den Tod für ihn dir hast erkoren.

20

124. Du mußts hinwieder sein

Gott ist dir worden Mensch; wirst du nicht wieder Gott,
So schmähst du die Geburt und höhnest seinen Tod.

125. Die Gleichheit hat nicht Pein

Wem alles gleiche gilt, den rühret keine Pein,
Und sollt er auch im Pfuhl der tiefsten Höllen sein.

126. Begehren erwartet Gewähren

Mensch, wenn du noch nach Gott Begier hast und Verlangen,
So bist du noch von ihm nicht ganz und gar umfangen.

127. Es gilt Gott alles gleich

Gott hat nicht Unterscheid, es ist ihm alles ein;
Er machet sich soviel der Flieg als dir gemein.

128. Alles liegt an der Empfänglichkeit

Vermöcht ich Gotts so viel als Christus zu empfangen,
Er ließe mich dazu im Augenblick gelangen.

129. Das Böse entsteht aus dir

Gott ist ja nichts als gut: Verdammnis, Tod und Pein,
Und was man böse nennt, muß Mensch in dir nur sein.

130. Die Bloßheit ruht in Gott

Wie selig ruht der Geist in des Geliebten Schoß,
Der Gotts und aller Ding und seiner selbst steht bloß.

131. Das Paradeis in Pein

Mensch, bist du Gott getreu und meinest ihn allein,
So wird die größte Not ein Paradeis dir sein.

132. Bewehrt muß man sein

Mensch, in das Paradeis kommt man nicht unbewehrt,
Willst du hinein, du mußt durch Feuer und durch Schwert.

133. Gott ist ein ewges Nun

Ist Gott ein ewges Nun, was fället dann darein,
Daß er nicht schon in mir kann alls in allem sein?

134. Unvollkommene Gestorbenheit

Wo dich noch dies und das bekümmert und bewegt,
So bist du noch nicht ganz mit Gott ins Grab gelegt.

135. Bei Gott ist nur sein Sohn

Mensch, werd aus Gott geborn: bei seiner Gottheit Thron
Steht niemand anders als der eingeborne Sohn.

136. Wie ruht Gott in mir

Du mußt ganz lauter sein und stehn in einem Nun,
Soll Gott in dir sich schaun und sänftiglichen ruhn.

137. Gott verdammt Niemand

Was klagst du über Gott? Du selbst verdammest dich!
Er möcht es ja nicht tun, das glaube sicherlich.

138. Je mehr du aus, je mehr Gott ein

Je mehr du dich aus dir kannst austun und entgießen,
Je mehr muß Gott in dich mit seiner Gottheit fließen.

139. Es trägt und wird getragen

Das Wort, das dich und mich und alle Dinge trägt,
Wird wiederum von mir getragen und gehegt.

140. Der Mensch ist alle Dinge

Der Mensch ist alle Ding; ists, daß ihm eins gebricht,
So kennet er fürwahr sein Reichtum selber nicht.

141. Es sind viel tausend Sonnen

Du sprichst, im Firmament sei eine Sonn allein;
Ich aber sage, daß viel tausend Sonnen sein.

142. Je mehr man sich ergibt, je mehr wird man geliebt

Warum wird Seraphin von Gotte mehr geliebt
Als eine Mück? Es ist, daß er sich mehr ergibt.

143. Die Selbheit, die verdammt

Dafern der Teufel könnt aus seiner Seinheit gehn,
So sähest du ihn stracks in Gottes Throne stehn.

144. Der Schöpfer kanns alleine

Was bildest du dir ein, zu zähln der Sternen Schar?
Der Schöpfer ists allein, der sie kann zählen gar.

145. In dir ist, was du willst

Der Himmel ist in dir und auch der Höllen Qual:
Was du erkiest und willst, das hast du überall.

146. Gott liebt nichts außer Christo

So lieb Gott eine Seel in Christi Glanz und Licht,
So unlieb ist sie ihm, im Fall er ihr gebricht.

147. Die Jungfernerde

Das feinest auf der Welt ist reine Jungfernerde;
Man saget, daß aus ihr das Kind der Weisen werde.

148. Das Gleichnis der Dreieinigkeit

Der Sinn, der Geist, das Wort, die lehren klar und frei,
So du es fassen kannst, wie Gott dreieinig sei.

149. Es läßt sich nicht bezirken

So wenig, als dir ist die Weite Gottes kund,
So wenig ist die Welt, wie du sprichst, zirkelrund.

150. Eins in dem andern

Ist meine Seel im Leib und gleich durch alle Glieder,
So sag ich recht und wohl, der Leib ist in ihr wieder.[14]

151. Der Mensch ist Gottes Kindbett

Da Gott das erstemal hat seinen Sohn geborn,
Da hat er mich und dich zum Kindbett auserkorn.

152. Du selbst mußt Gottes Lämmlein sein

Daß Gott ein Lämmlein ist, das hilft dir nicht, mein Christ,
Wo du nicht selber auch ein Lämmlein Gottes bist.

153. Du mußt zum Kinde werden

Mensch, wirst du nicht ein Kind, so gehst du nimmer ein,
Wo Gottes Kinder sind: die Tür ist gar zu klein.

154. Die geheime Jungfrauschaft

Wer lauter wie das Licht, rein wie der Ursprung ist,
Derselbe wird von Gott für Jungfrau auserkiest.

---

14   Verstehe idealiter.

155. Hier muß der Anfang sein

Mensch, willst du ewiglich beim Lämmlein Gottes stehn,
So mußt du schon allhier in seinen Tritten gehn.

156. Gott selbst ist unsre Weide

Schaut doch das Wunder an! Gott macht sich so gemein,
Daß er auch selber will der Lämmer Weide sein.

157. Die wunderliche Verwandtnis Gottes

Sag an, o großer Gott, wie bin ich dir verwandt,
Daß du mich Mutter, Braut, Gemahl und Kind genannt?

158. Wer trinkt den Lebensbrunn

Wer dorten bei dem Brunn des Lebens denkt zu sitzen,
Der muß zuvor allhier den eignen Durst ausschwitzen.

159. Die Ledigkeit ist wie Gott

Mensch, wo du ledig bist, das Wasser quillt aus dir
Sowohl als aus dem Brunn der Ewigkeit herfür.

160. Gott dürstet, tränk ihn doch

Gott selber klaget Durst; ach, daß du ihn so kränkest
Und nicht wie jenes Weib, die Samaritin, tränkest!

161. Das ewige Licht

Ich bin ein ewig Licht, ich brenn ohn Unterlaß:
Mein Docht und Öl ist Gott, mein Geist, der ist das Faß.

162. Du mußt die Kindschaft haben

So du den höchsten Gott willst deinen Vater nennen,
So mußt du dich zuvor sein Kind zu sein bekennen.

163. Die Menschheit soll man lieben

Daß du nicht Menschen liebst, das tust du recht und wohl,
Die Menschheit ists, die man im Menschen lieben soll.

164. Gott schaut man mit Gelassenheit

Der Engel schauet Gott mit heitern Augen an,
Ich aber noch viel mehr, so ich Gott lassen kann.

165. Die Weisheit

Die Weisheit findt sich gern, wo ihre Kinder sind.
Warum? O Wunderding! sie selber ist ein Kind.

166. Der Spiegel der Weisheit

Die Weisheit schauet sich in ihrem Spiegel an.
Wer ists? sie selber und wer Weisheit werden kann.

167. So viel du in Gott, so viel er in dir

So viel die Seel in Gott, so viel ruht Gott in ihr;
Nichts minder oder mehr, Mensch, glaub es, wird er dir.

168. Christus ist alles

O Wunder! Christus ist die Wahrheit und das Wort,
Licht, Leben, Speis und Trank, Pfad, Pilgram, Tür und Ort.

25

169. Nichtsverlangen ist Seligkeit

Die Heilgen sind darum mit Gottes Ruh umfangen
Und haben Seligkeit, weil sie nach Nichts verlangen.

170. Gott ist nicht hoch, noch tief

Gott ist nicht hoch, nicht tief; wer endlich anders spricht,
Der hat der Wahrheit noch gar schlechten Unterricht.

171. Gott findet man mit Nichtsuchen

Gott ist nicht hier noch da; wer ihn begehrt zu finden,
Der laß sich Händ und Füß und Leib und Seele binden.

172. Gott sieht, ehe du gedenkst

Wo Gott von Ewigkeit nicht siehet die Gedanken,
So bist du eh als er: er Stüpfchen und du Schranken.

173. Der Mensch lebt nicht vom Brot allein

Das Brot ernährt dich nicht: was dich im Brote speist,
Ist Gottes ewigs Wort, ist Leben und ist Geist.

174. Die Gaben sind nicht Gott

Wer Gott um Gaben bitt, der ist gar übel dran:
Er betet das Geschöpf und nicht den Schöpfer an.

175. Sohnsein ist schon genug

Sohn ist das liebste Wort, das Gott zu mir mag sprechen;
Spricht ers, so mag mir Welt und Gott auch selbst gebrechen.

176. Eins wie das ander

Die Höll wird Himmelreich noch hier auf dieser Erden,
(Und dies scheint wunderlich) wenn Himmel Höll kann werden.

177. Im Grunde ist alles eins

Man redt von Zeit und Ort, von Nun und Ewigkeit:
Was ist denn Zeit und Ort und Nun und Ewigkeit?

26

178. Die Schuld ist deine

Daß dir im Sonnesehn vergehet das Gesicht,
Sind deine Augen schuld und nicht das große Licht.

179. Der Brunnquell Gottes

Dieweil der Gottheit Ström aus mir sich solln ergießen,
Muß ich ein Brunnquell sein, sonst würden sie verfließen.

180. Ein Christ ist Kirch und alles

Was bin ich endlich doch? Ich soll die Kirch und Stein,
Ich soll der Priester Gotts und auch das Opfer sein.

181. Man muß Gewalt antun

Wer sich nicht drängt zu sein des Höchsten liebes Kind,
Der bleibet in dem Stall, wo Vieh und Knechte sind.

182. Der Löhner ist nicht Sohn

Mensch, dienst du Gott um Gut, um Seligkeit und Lohn,
So dienst du ihm noch nicht aus Liebe wie ein Sohn.

183. Die geheime Vermählung

Was Freude muß doch sein! wenn Gott sich seine Braut
In seinem ewgen Wort durch seinen Geist vertraut.

184. Gott ist mir, was ich will

Gott ist mein Stab, mein Licht, mein Pfad, mein Ziel, mein Spiel,
Mein Vater, Bruder, Kind und alles, was ich will.

185. Der Ort ist selbst in dir

Nicht du bist in dem Ort, der Ort, der ist in dir;
Wirfst du ihn aus, so steht die Ewigkeit schon hier.

186. Der ewigen Weisheit Haus

Die ewge Weisheit baut: Ich werde der Palast,
Wenn sie in mir und ich in ihr gefunden Rast.

187. Die Weite der Seelen

Die Welt ist mir zu eng, der Himmel ist zu klein;
Wo wird doch noch ein Raum für meine Seele sein?

188. Die Zeit und Ewigkeit

Du sprichst: Versetze dich aus Zeit in Ewigkeit.
Ist denn an Ewigkeit und Zeit ein Unterscheid?

189. Der Mensch, der macht die Zeit

Du selber machst die Zeit, das Uhrwerk sind die Sinnen;
Hemmst du die Unruh nur, so ist die Zeit von hinnen.

190. Die Gleichheit

Ich weiß nicht, was ich soll! Es ist mir alles ein:
Ort, Unort, Ewigkeit, Zeit, Nacht, Tag, Freud und Pein.

191. Wer Gott soll schaun, muß alles sein

Wer selbst nicht alles ist, der ist noch zu geringe,
Daß er dich sehen soll, mein Gott, und alle Dinge.

192. Wer recht vergöttet ist

Mensch, allererst, wenn du bist alle Dinge worden,
So stehst du in dem Wort und in der Götter Orden.

193. Die Kreatur ist recht in Gott

Die Kreatur ist mehr in Gotte, denn in ihr;
Zerwird sie, bleibt sie doch in ihme für und für.

194. Was bist du gegen Gott?

Mensch, dünke dich nur nicht vor Gott mit Werken viel;
Denn aller Heilgen Tun ist gegen Gott ein Spiel.

195. Das Licht besteht im Feuer

Das Licht gibt allem Kraft: Gott selber lebt im Lichte,
Doch wär er nicht das Feur, so würd es bald zu nichte.

28

196. Die geistliche Arch unds Mannakrüglein

Mensch, ist dein Herze Gold und deine Seele rein,
So kannst auch du die Arch unds Mannakrüglein sein.

197. Gott macht vollkommen sein

Daß Gott allmächtig sei, das glaubet jener nicht,
Der mir Vollkommenheit, wie Gott begehrt, abspricht.

198. Das Wort ist wie das Feuer

Das Feur rügt alle Ding und wird doch nicht bewegt;
So ist das ewge Wort, das alles hebt und regt.

199. Gott außer Kreatur

Geh hin, wo du nicht kannst: sieh, wo du siehest nicht;
Hör, wo nichts schallt und klingt, so bist du, wo Gott spricht.

200. Gott ist nichts (Kreatürliches)

Gott ist wahrhaftig nichts, und so er etwas ist,
So ist ers nur in mir, wie er mich ihm erkiest.

201. Warum wird Gott geboren?

O Unbegreiflichkeit! Gott hat sich selbst verlorn,
Drum will er wiederum in mir sein neugeborn.

202. Die hohe Würdigung

O hohe Würdigung! Gott springt von seinem Thron
Und setzet mich darauf in seinem lieben Sohn.

203. Immer dasselbige

Ich ward das, was ich war, und bin, was ich gewesen,
Und werd es ewig sein, wenn Leib und Seel genesen.

204. Der Mensch ists höchste Ding

Nichts dünkt mich hoch zu sein: ich bin das höchste Ding,
Weil auch Gott ohne mich sich selber ist gering.

29

205. Der Ort ist das Wort

Der Ort unds Wort ist eins und wäre nicht der Ort,
Bei ewger Ewigkeit! es wäre nicht das Wort.

206. Wie heißt der neue Mensch?

Willst du den neuen Mensch und seinen Namen kennen,
So frage Gott zuvor, wie er pflegt sich zu nennen.

207. Die schönste Gasterei

O süße Gasterei! Gott selber wird der Wein,
Die Speise, Tisch, Musik und der Bediener sein.

208. Die selige Völlerei

Zu viel ist niemals gut, ich hasse Völlerei,
Doch wünsch ich, daß ich Gotts so voll als Jesus sei.

209. Wie der Mund, so der Trank

Die Hure Babylon trinkt Blut und trinkt den Tod.
O großer Unterscheid! Ich trinke Blut und Gott.

210. Je aufgegebener, je göttlicher

Die Heilgen sind so viel von Gottes Gottheit trunken,
So viel sie sind in ihm verloren und versunken.

211. Das Himmelreich ist der Gewaltsamen

Nicht Gott gibts Himmelreich: du selbst mußts zu dir ziehn
Und dich mit ganzer Macht und Eifer drum bemühn.

212. Ich wie Gott, Gott wie ich

Gott ist das, was er ist; ich bin das, was ich bin;
Doch kennst du einen wohl, so kennst du mich und ihn.

213. Die Sünde

Der Durst ist nicht ein Ding und doch kann er dich plagen;
Wie soll dann nicht die Sünd den Bösen ewig nagen?

214. Die Sanftmut

Die Sanftmut ist ein Samt, auf dem Gott ruht und liegt;
Er dankt dir, bist du sie, daß er sein Polster kriegt.

215. Die Gerechtigkeit

Was ist Gerechtigkeit? Das, welches allen gleich
Sich gibt, entbeut, geläßt hier und im Himmelreich.

216. Die Vergöttung

Gott ist mein Geist, mein Blut, mein Fleisch und mein Gebein;
Wie soll ich dann mit ihm nicht ganz durchgöttet sein?

217. Wirken und Ruhn ist recht göttlich

Fragst du, was Gott mehr liebt, ihm wirken oder ruhn?
Ich sage, daß der Mensch, wie Gott, soll beides tun.

218. Das göttliche Sehen

Wer in dem Nächsten nichts als Gott und Christum sieht,
Der siehet mit dem Licht, das aus der Gottheit blüht.

219. Die Einfalt

Die Einfalt ist so wert, daß, wenn sie Gott gebricht,
So ist er weder Gott, noch Weisheit, noch ein Licht.

220. Ich auch zur Rechten Gottes

Weil mein Erlöser hat die Menschheit aufgenommen,
So bin auch ich in ihm zur Rechten Gottes kommen.

221. Der Glaube

Der Glaube, Senfkorn groß, versetzt den Berg ins Meer:
Denkt, was er könnte tun, wenn er ein Kürbis wär.

222. Die Hoffnung

Die Hoffnung ist ein Seil; könnt ein Verdammter hoffen,
Gott zög ihn aus dem Pfuhl, in dem er ist ersoffen.   31

223. Die Zuversicht

Die Zuversicht ist gut und das Vertrauen fein;
Doch bist du nicht gerecht, so bringt es dich in Pein.

224. Was Gott mir, bin ich ihm

Gott ist mir Gott und Mensch, ich bin ihm Mensch und Gott,
Ich lösche seinen Durst und er hilft mir aus Not.

225. Der Antichrist

Was gaffst du viel, mein Mensch? Der Antichrist unds Tier
(Im Fall du nicht in Gott) sind alle zwei in dir.

226. Die Babel

Du bist die Babel selbst; gehst du nicht aus dir aus,
So bleibst du ewiglich des Teufels Polterhaus.

227. Die Rachgier

Die Rachgier ist ein Rad, das nimmer stille steht;
Je mehr es aber lauft, je mehr es sich vergeht.

228. Die Abscheulichkeit der Bosheit

Mensch, solltest du in dir das Ungeziefer schauen,
Es würde dir vor dir als vor dem Teufel grauen.

229. Der Zorn

Der Zorn ist höllisch Feur; wenn er in dir entbrennt,
So wird dem heilgen Geist sein Ruhbettlein geschändt.

230. Die Seligkeit ist leicht zu erlangen

Es dünkt mich leichter sein, in Himmel sich zu schwingen,
Als mit der Sünden Müh in Abgrund einzudringen.

231. Der weltliebende Reiche

Christ, wenn ein Schiffsseil wird durchs Nadelöhr gezogen,
So sprich, der Reiche sei ins Himmelreich geflogen.

32

232. Herr, dein Wille geschehe

Das Wort, das Gott von dir am allerliebsten hört,
Ist, wenn du herzlich sprichst: sein Wille sei geehrt.

233. Gottes Nachgeklinge

Mein Lieb und alle Ding ist Gottes Nachgeklinge,
Wenn er mich höret schrein: mein Gott und alle Dinge.

234. Gott um Gott

Herr, liebst du meine Seel, so laß sie dich umfassen;
Sie wird dich nimmermehr um tausend Gotte lassen.

235. Alles mit Gott

Ich bete Gott mit Gott aus ihm und in ihm an;
Er ist mein Geist, mein Wort, mein Psalm und was ich kann.

236. Der Geist vertritt uns

Gott liebt und lobt sich selbst, so viel er immer kann;
Er kniet und neiget sich, er bet sich selber an.

237. Im Innern betet man recht

Mensch, so du wissen willst, was redlich beten heißt,
So geh in dich hinein und frage Gottes Geist.

238. Das wesentliche Gebet

Wer lautern Herzens lebt und geht auf Christi Bahn,
Der betet wesentlich Gott in sich selber an.

239. Gott lobt man in der Stille

Meinst du, o armer Mensch, daß deines Munds Geschrei
Der rechte Lobgesang der stillen Gottheit sei?

240. Das stillschweigende Gebet

Gott ist so über alls, daß man nichts sprechen kann,
Drum betest du ihn auch mit Schweigen besser an.[15]

241. Gottes Leibgedinge

Mein Leib, o Herrlichkeit! ist Gottes Leibgedinge,
Drum schätzt er ihn darin zu wohnen nicht geringe.

242. Die Tür muß offen sein

Eröffene die Tür, so kommt der heilge Geist,
Der Vater und der Sohn dreieinig eingereist.

243. Das Wohnhaus Gottes

Christ, so du Jesum liebst und seine Sanftmut hast,
So findet Gott in dir sein Wohnhaus, Ruh und Rast.

244. Die Liebe ist der Weisen Stein

Lieb ist der Weisen Stein: sie scheidet Gold aus Kot,
Sie machet Nichts zu Ichts und wandelt mich in Gott.

245. Es muß vereinigt werden

Im Fall die Liebe dich versetzen soll aus Pein,
Muß deine Menschheit vor mit Gottes eines sein.

15 Vid. Max. Sandæ. Th. myst. 1. 2. com. 3. per tot. et Balthas. Alvar. in
ejus vita â Ludovic. de Ponte conscripta.

246. Die Tingierung

Der heilge Geist der schmelzt, der Vater der verzehrt,
Der Sohn ist die Tinktur, die Gold macht und verklärt.

247. Das Alte ist hinweg

So wenig du das Gold kannst schwarz und Eisen nennen,
So wenig wirst du dort den Mensch am Menschen kennen.

248. Die genaue Vereinigung

Schau doch, wie hoch vereint die Goldheit mit dem Blei
Und der Vergöttete mit Gottes Wesen sei.

249. Die Goldheit und die Gottheit

Die Goldheit machet Gold, die Gottheit machet Gott:
Wirst du nicht eins mit ihr, so bleibst du Blei und Kot. 34

250. Wie die Goldheit, also die Gottheit

Schau, wie die Goldheit ist des Golds-Fluß Schwer und Schein,
So wird die Gottheit auch im Selgen alles sein.

251. Das liebste Kind Gottes

Sag, wie ich möge sein des Vaters liebstes Kind?
Wenn er sich selbst und alls und Gottheit in dir findt.

252. Die göttliche Kindschaft

Ist Gottes Gottheit mir nicht inniglich gemein,
Wie kann ich dann sein Kind und er mein Vater sein?

253. Der Kinder ists Himmelreich

Christ, so du kannst ein Kind von ganzem Herzen werden,
So ist das Himmelreich schon deine hier auf Erden.

254. Die Kindheit und Gottheit

Weil sich die Gottheit hat in Kindheit mir erzeigt,
Bin ich der Kindheit und der Gottheit gleich geneigt.

255. Kind und Gott

Kind oder Gott gilt gleich: hast du mich Kind genennt,
So hast du Gott in mir und mich in Gott bekennt.

256. Die wiedergültige Kind- und Vaterschaft

Ich bin Gotts Kind und Sohn, er wieder ist mein Kind:
Wie gehet es doch zu, daß beide beides sind?

257. Die Dreieinigkeit in der Natur

Daß Gott dreieinig ist, zeigt dir ein jedes Kraut,
Da Schwefel, Salz, Merkur in einem wird geschaut.

258. Das Tingieren

Betrachte das Tingiern, so siehst du schön und frei,
Wie dein Erlösung und wie die Vergöttung sei.

259. Die Gottheit und die Menschheit

Die ewge Gottheit ist der Menschheit so verpflicht,
Daß ihr auch ohne sie Herz, Mut und Sinn gebricht.

260. Heut ist der Tag des Heils

Braut, auf! Der Bräutgam kommt! Man geht nicht mit ihm ein,
Wo man des Augenblicks nicht kann bereitet sein.

261. Die Hochzeit des Lammes

Die Mahlzeit ist bereit, das Lamm zeigt seine Wunden,
Weh dir, hast du noch nicht Gott, deinen Bräutgam, funden.

262. Das hochzeitliche Kleid

Das Hochzeitskleid ist Gott und seines Geistes Liebe;
Zeuchs an, so weicht von dir, was deinen Geist macht trübe.

263. Gott forscht sich niemals aus

Die ewge Gottheit ist so reich an Rat und Tat,
Daß sie sich selbst noch nie ganz ausgeforschet hat.

264. Die Kreaturen sind Gottes Widerhall

Nichts weset ohne Stimm: Gott höret überall,
In allen Kreaturn sein Lob und Widerhall.

265. Die Einigkeit

Ach, daß wir Menschen nicht wie die Waldvögelein,
Ein jeder seinen Ton, mit Lust zusammen schrein.

266. Dem Spötter taugt nichts

Ich weiß, die Nachtigall straft nicht des Kuckucks Ton;
Du aber, sing ich nicht wie du, sprichst meinem Hohn.

267. Ein Ding behagt nicht oft

Freund, solln wir allesamt nur immer eines schrein,
Was wird das für ein Lied und für Gesinge sein?

268. Veränderung steht fein

Je mehr man Unterscheid der Stimmen vor kann bringen,
Je wunderbarlicher pflegt auch das Lied zu klingen.

269. Bei Gott ist alles gleich

Gott gibet so genau auf das Koaxn acht
Als auf das Direliern, das ihm die Lerche macht.

270. Die Stimme Gottes

Die Kreaturen sind des ewgen Wortes Stimme:
Es singt und klingt sich selbst in Anmut und im Grimme.

271. An Gott ist nichts Kreatürliches

Liebst du noch was an Gott, so sprichst du gleich dabei,
Daß Gott dir noch nicht Gott und alle Dinge sei.

272. Der Mensch ist Gottes Gleichnis

Was Gott in Ewigkeit begehrn und wünschen kann,
Das schauet er in mir als seinem Gleichnis an.

273. Steig über die Heiligkeit

Die Heiligkeit ist gut; wer drüber kommen kann,
Der ist mit Gott und Mensch am allerbesten dran.

274. Der Zufall muß hinweg

Der Zufall muß hinweg und aller falsche Schein;
Du mußt ganz wesentlich und ungefärbet sein.

275. Der Mensch bringt alles in Gott

Mensch, alles liebet dich, um dich ists sehr gedrange;
Es laufet alls zu dir, daß es zu Gott gelange.

276. Eins des andern Anfang und Ende

Gott ist mein letztes End: Wenn ich sein Anfang bin,
So weset er aus mir und ich vergeh in ihn.

277. Das Ende Gottes

Daß Gott kein Ende hat, gesteh ich dir nicht zu,
Denn schau, er sucht ja mich, daß er in mir beruh!

278. Gottes ander Er

Ich bin Gotts ander Er, in mir findt er allein,
Was ihm in Ewigkeit wird gleich und ähnlich sein.

279. Die Ichheit schafft nichts

Mit Ichheit suchest du bald die bald jene Sachen;
Ach ließest dus doch Gott nach seinem Willen machen.

280. Der wahre Weisen-Stein

Dein Stein, Chymist, ist nichts; der Eckstein, den ich mein,
Ist meine Goldtinktur und aller Weisen Stein.

281. Seine Gebote sind nicht schwer

Mensch, lebest du in Gott und stirbest deinem Willen,
So ist dir nichts so leicht, als sein Gebot erfüllen.

282. In Gott der beste Stand

Was hilft michs, daß den Herrn die Morgensterne loben,
So ich nicht über sie in ihn bin aufgehoben.

283. Gott ist überheilig

Schreit hin, ihr Seraphim, das was man von euch liest:
Ich weiß, daß Gott, mein Gott, noch mehr als heilig ist.

284. Über alle Erkenntnis soll man kommen

Was Cherubin erkennt, das mag mir nicht genügen.
Ich will noch über ihn, wo nichts erkannt wird, fliegen.

285. Das Erkennende muß das Erkannte werden

In Gott wird nichts erkannt: er ist ein einig Ein,
Was man in ihm erkennt, das muß man selber sein.[16]

286. Immer weiter

Maria ist hochwert; doch kann ich höher kommen,
Als sie und alle Schar der Heiligen geklommen.[17]

38

---

16 ita quóque Divus Rusbr. quod contemplamur, sumus et quod sumus
    contemplamur.
17 Christus ist unser höchstes Ziehl.

287. Die Schönheit

Die Schönheit ist ein Licht; je mehr dir Licht gebrist,
Je greulicher du auch an Leib und Seele bist.

288. Die gelassene Schönheit

Ihr Menschen lernet doch von Wiesenblümelein,
Wie ihr könnt Gott gefalln und gleichwohl schöne sein.[18]

289. Ohne warum

Die Ros ist ohn warum; sie blühet, weil sie blühet,
Sie acht nicht ihrer selbst, fragt nicht, ob man sie siehet.

290. Laß Gott sorgen

Wer schmückt die Lilien? Wer speiset die Narzissen?
Was bist dann du, mein Christ, auf dich so sehr beflissen?

291. Der Gerechte

Daß der gerechte Mensch wächst wie ein Palmenbaum,
Verwunder ich mich nicht: nur daß er noch findt Raum.

292. Der Seligen Lohn

Was ist der Selgen Lohn? Was wird uns nach dem Streit?
Es ist die Lilie der lautern Göttlichkeit.

293. Wenn man vergöttet ist

Mensch, wenn dich weder Lieb berührt noch Leid verletzt,
So bist du recht in Gott und Gott in dich versetzt.

---

18 Denn sie nehmen sich ihrer schönheit nicht an.

294. Gott ist ohne Willen

Wir beten: es gescheh, mein Herr und Gott, dein Wille;
Und sieh, er hat nicht Will,[19] er ist ein ewge Stille.

295. Es muß in dir vor sein

Mensch, wird das Paradies in dir nicht erstlich sein,
So glaube mir gewiß, du kommest nimmer drein.

296. Die nächsten Gottesgespielen

Gott ist nicht alles nah; die Jungfrau und das Kind,
Die zwei, die sinds allein, die Gotts Gespielen sind.

297. Nicht nackt und doch unbekleidet

Nackt darf ich nicht vor Gott und muß doch unbekleidt
Ins Himmelreich eingehn, weil es nichts Fremdes leidt.

298. Das Himmelreich ist inwendig in uns

Christ mein, wo laufst du hin? Der Himmel ist in dir;
Was suchst du ihn dann erst bei eines andern Tür?

299. Mit Schweigen hört man

Das Wort schallt mehr in dir als in des andern Munde;
So du ihm schweigen kannst, so hörst du es zur Stunde.

300. Trink aus deinem eigenen Bronnen

Wie töricht tut der Mann, der aus der Pfütze trinkt
Und die Fontaine läßt, die ihm im Haus entspringt.

---

19   Versteh einen zufälligen willen, denn was Got wil, daß wil Er wesentlich.

301. Die Kinder Gottes

Weil Gottes Kinder nicht das eigne Laufen lieben,
So werden sie von ihm und seinem Geist getrieben.

302. Stehn ist zurücke gehn

Wer in den Wegen Gotts gedächte still zu stehn,
Der würde hinter sich und ins Verderben gehn. 40

Zweites Buch

1. Die Lieb ist über Furcht

Gott fürchten ist sehr gut, doch ist es besser lieben;
Noch besser über Lieb in ihm sein aufgetrieben.

2. Die Lieb ist ein Magnet

Die Lieb ist ein Magnet, sie ziehet mich in Gott,
Und was noch größer ist, sie reißet Gott in Tod.

3. Mensch in Gott, Gott im Menschen

Wenn ich bin Gottes Sohn, wer es dann sehen kann,
Der schauet Mensch in Gott und Gott im Menschen an.

4. Das ewige Ja und Nein

Gott spricht nur immer Ja,[1] der Teufel saget Nein;
Drum kann er auch mit Gott nicht Ja und eines sein.

5. Das Licht ist nicht Gott selbst

Licht ist des Herren Kleid; gebricht dir gleich das Licht,
So wisse, daß dir doch Gott noch nicht selbst gebricht.

6. Nichts ist der beste Trost

Nichts ist der beste Trost; entzeucht Gott seinen Schein,
So muß das bloße Nichts dein Trost im Untrost sein.

---

1   allusio ad Nomen Dei.

7. Das wahre Licht

Gott ist das wahre Licht, du hast sonst nichts als Glast,
Im Falle du nicht ihn, das Licht der Lichter, hast.

8. Mit Schweigen lernt man

Schweig, Allerliebster, schweig; kannst du nur gänzlich schweigen,
So wird dir Gott mehr Guts, als du begehrst, erzeigen.

9. Das Weib auf dem Monde

Was sinnest du so tief? Das Weib im Sonnenschein,
Das auf dem Monden steht, muß deine Seele sein.

43

10. Die Braut ist doch das liebste

Sag, was du willst, die Braut ist doch das liebste Kind,
Das man in Gottes Schoß und seinen Armen findt.

11. Die beste Sicherheit

Schlaf, meine Seele, schlaf; denn in des Liebsten Wunden
Hast du die Sicherheit und volle Ruh gefunden.

12. Die Jungfrauschaft

Was ist die Jungfrauschaft? Frag, was die Gottheit sei;
Doch kennst du Lauterkeit, so kennst du alle zwei.

13. Die Gottheit und Jungfrauschaft

Die Gottheit ist so nah der Jungfrauschaft verwandt,
Daß sie auch ohne die nicht Gottheit wird erkannt.

14. Wer eins nur liebt, ist Braut

Die Seele, die nichts weiß, nichts will, nichts liebt, denn Ein,
Muß heute noch die Braut des ewgen Bräutgams sein.

15. Die geheime Armut

Wer ist ein armer Mensch? Der ohne Hilf und Rat
Noch Kreatur noch Gott, noch Leib und Seele hat.

16. Gottes Sitz

Mensch, bist du nicht so weit, als Gottes Gottheit ist,
So wirst du nimmermehr zu seinem Sitz erkiest.

17. Gott weigert sich niemand

Nimm, trink, so viel du willst und kannst, es steht dir frei;
Die ganze Gottheit selbst ist deine Gasterei.

18. Die Weisheit Salomons

Wie schätzt du Salomon, den Weisesten, allein?
44   Du auch kannst Salomon und seine Weisheit sein.

19. Das Höchste ist stille sein

Geschäftig sein ist gut, viel besser aber beten;
Noch besser: Stumm und still vor Gott, den Herren, treten.

20. Das Lebensbuch

Gott ist des Lebens Buch, ich steh in ihm geschrieben
Mit seines Lammes Blut: wie sollt er mich nicht lieben?

21. Du sollst das Höchste sein

Die Welt ist eitel Nichts, die Engel sind gemein;
Drum soll ich Gott und Mensch in Christo Jesu sein.

22. Erheb dich über dich

Der Mensch, der seinen Geist nicht über sich erhebt,
Der ist nicht wert, daß er im Menschenstande lebt.

23. In Christo kommt man hoch

Weil mein Erlöser hat die Engel überstiegen,
So kann, wo ich nur will, auch ich sie überfliegen.

24. Der Mittelpunkt

Wer sich den Mittelpunkt zum Wohnhaus hat erkiest,
Der sieht mit einem Blick, was in dem Umschweif ist.

25. Dein Unruh machst du selbst

Noch Kreatur, noch Gott kann dich in Unruh bringen;
Du selbst verunruhst dich, o Torheit, mit den Dingen.

26. Die Freiheit

Du edle Freiheit, du! Wer sich nicht dir ergiebet
Der weiß nicht, was ein Mensch, der Freiheit liebet, liebet.

27. Auch von ihr

Wer Freiheit liebt, liebt Gott; wer sich in Gott versenkt
Und alles von sich stößt, der ists, dem Gott sie schenkt.

45

28. Die Gleichheit

Die Gleichheit ist ein Schatz: hast du sie in der Zeit,
So hast du Himmelreich und volle Seligkeit.

29. Tod und Gott

Tod ist der Sünden Sold; Gott ist der Tugend Lohn;
Erwirbst du diesen nicht, so trägst du den davon.

30. Zufall und Wesen

Mensch, werde wesentlich; denn wenn die Welt vergeht,
So fällt der Zufall weg, das Wesen, das besteht.

31. Göttliche Genießung

Wer Gotts genießen will und ihm sich einverleiben,
Soll wie ein Morgenstern bei seiner Sonne bleiben.

32. Mit Schweigen singt man schön

Die Engel singen schön; ich weiß, daß dein Gesinge,
So du nur gänzlich schwiegst, dem Höchsten besser klinge.

33. Wer älter ist als Gott

Wer in der Ewigkeit mehr lebt als einen Tag,
Derselbe wird so alt, als Gott nicht werden mag.

34. Rechter Gebrauch bringt nicht Schaden

Mensch, sprichst du, daß dich Ichts von Gottes Lieb abhält,
So brauchst du noch nicht recht, wie sichs gebührt, der Welt.

35. Gott will, was köstlich ist

Sei lauter Licht und steif gleichwie ein Demantstein,
Daß du in Augen Gotts mögst wertgeschätzet sein.

36. Das Buch des Gewissens

Daß ich Gott fürchten soll und über alles lieben,
Ist mir von Anbeginn in mein Gemüt geschrieben.

46

37. An einem Wort liegt alles

Ein einzigs Wort hilft mir; schreibts Gott mir einmal ein,
So werd ich stets ein Lamm mit Gott gezeichnet sein.

38. Der Bräutigam ist noch süßer

Du magst Gott, wie du willst, für deinen Herrn erkennen,
Ich will ihn anders nicht als meinen Bräutgam nennen.

39. Der Anbeter im Geist und in der Wahrheit

Wer in sich über sich in Gott verreisen kann,
Der betet Gott im Geist und in der Wahrheit an.

40. Gott ist das Kleinst und Größte

Mein Gott, wie groß ist Gott! mein Gott, wie klein ist Gott!
Klein als das kleinste Ding und groß wie alls von Not.

41. Der gute Tausch

Mensch, gibst du Gott dein Herz, er gibt dir seines wieder;
Ach, welch ein wertrer Tausch! du steigest auf, er nieder.

42. Das untere schadet nicht

Wer über Berg und Tal und dem Gewölke sitzt,
Der achtets nicht ein Haar, wenns donnert, kracht und blitzt.

43. Die Mittelwand muß weg

Weg mit dem Mittelweg; soll ich mein Licht anschauen,
So muß man keine Wand vor mein Gesichte bauen.

44. Was Menschheit ist

Fragst du, was Menschheit sei? Ich sage dir bereit,
Es ist mit einem Wort die Überengelheit.

45. Gott liebt sich allein

Es ist gewißlich wahr, Gott liebet sich allein
Und wer sein ander Er in seinem Sohn kann sein.

46. Wer Gott ist, sieht Gott

Weil ich das wahre Licht, so wie es ist, soll sehn,
So muß ichs selber sein, sonst kann es nicht geschehn.

47. Die Liebe sucht nicht Lohn

Mensch, liebst du Gott, den Herrn, und suchest Lohn dabei,
So schmeckest du noch nicht, was Lieb und lieben sei.

48. Gott kennt man am Geschöpfe

Gott, der verborgne Gott, wird kundbar und gemein
Durch seine Kreaturn, die sein Entwerfung sein.

49. Gott liebt die Jungfrauschaft

Gott trinkt der Jungfraun Milch; zeugt durch dies hell und frei,
Daß wahre Jungfrauschaft sein Trank und Labsal sei.

50. Gott wird ein kleines Kind

Gott schließt sich unerhört in Kindes Kleinheit ein:
Ach möcht ich doch ein Kind in diesem Kinde sein.

51. Das Unaussprechliche

Denkst du den Namen Gotts zu sprechen in der Zeit,
Man spricht ihn auch nicht aus in einer Ewigkeit.

52. Das Neu-Jerusalem

Das Neu-Jerusalem bist du für Gott, mein Christ,
Wenn du aus Gottes Geist ganz neugeboren bist.

53. Es mangelt nur an dir

Ach könnte nur dein Herz zu einer Krippe werden,
Gott würde noch einmal ein Kind auf dieser Erden.

54. Entbildet mußt du sein

Entbilde dich, mein Kind, so wirst du Gotte gleich
Und bist in stiller Ruh dir selbst dein Himmelreich.

48

55. Gott ist, er lebt nicht

Gott ist nur eigentlich; er liebt und lebet nicht,
Wie man von mir und dir und andern Dingen spricht.

56. Armut und Reichtum

Der, was er hat, nicht hat und alles schätzet gleich,
Der ist im Reichtum arm, in Armut ist er reich.

57. Man muß sich selbst entwachsen

Entwächsest du dir selbst und aller Kreatur,
So wird dir eingeimpft die göttliche Natur.

58. Gott sterben und Gott leben

Stirb oder leb in Gott, du tust an beiden wohl,
Weil man Gott sterben muß und Gott auch leben soll.

59. Wer ist mehr Gott als Mensch

Wer ohn Empfinden liebt und ohn Erkennen kennt,
Der wird mit gutem Recht mehr Gott als Mensch genennt.

60. Vom Lieben

Mensch, willst und liebst du nichts, so willst und liebst du wohl;
Wer gleich liebt, was er will, liebt doch nicht, was er soll.

61. Wer sich verläßt, findet Gott

Wer sich verloren hat und von sich selbst entbunden,
Der hat Gott, seinen Trost und seinen Heiland, funden.

62. In beiden muß man sein

Mein Gott, wie kalt bin ich! Ach laß mich doch erwarmen
In deiner Menschheit Schoß und deiner Gottheit Armen.

63. Der Taube hört das Wort

Freund, glaub es oder nicht, ich hör in jedem Nu,
Wenn ich bin taub und stumm, dem ewgen Worte zu.

49

64. Ein Seufzer sagt alles

Wenn meine Seel erseufzt[2] und Ach und O schreit hin,
So rufet sie in sich ihr End und Anbeginn.

65. Die Ewigkeit wird nicht gemessen

Die Ewigkeit weiß nichts von Jahren, Tagen, Stunden;
Ach, daß ich doch noch nicht den Mittelpunkt gefunden.

66. Eins hilft dem andern fort

Mein Heiland, der ist Gott und ich der andern Dinge,
Im Fall sie sich in mich und ich in ihn mich schwinge.

67. Die Abgeschiedenheit

Weil Abgeschiedenheit sich niemand macht gemein,
So muß sie ohne Sucht und eine Jungfrau sein.

68. Mit Schweigen wirds gesprochen

Mensch, so du willst das Sein der Ewigkeit aussprechen,
So mußt du dich zuvor des Redens ganz entbrechen.

69. Die geistliche Schiffahrt

Die Welt ist meine See, der Schiffmann Gottes Geist,
Das Schiff mein Leib: die Seel ists, die nach Hause reist.

2   α u. ω

70. Die Lauterkeit

Vollkommne Lauterkeit ist bild-, form-, liebelos;
Steht aller Eigenschaft, wie Gottes Wesen, bloß.

71. Der wesentliche Mensch

Ein wesentlicher Mensch ist wie die Ewigkeit,
Die unverändert bleibt von aller Äußerheit.

72. Wer singt mit den Engeln?

Wer sich nur einen Blick kann über sich erschwingen,
Der kann das Gloria mit Gottes Engeln singen.

73. An den Sünder

Ach Sünder, wend dich um und lerne Gott erkennen;
Ich weiß, du wirst ihn bald den lieben Vater nennen.

74. Du mußt vergöttet werden

Christ, es ist nicht genug, daß ich in Gott nur bin;
Ich muß auch Gottessaft zum Wachsen in mich ziehn.

75. Du mußt auch Früchte tragen

Trinkst du des Herren Blut und bringest keine Frucht,
So wirst du kräftiger als jener Baum verflucht.

76. Auch dir ist nichts versagt

O edler Geist, entreiß, laß dich doch nicht so binden;
Du kannst Gott herrlicher als alle Heilgen finden.

77. A B ist schon genug

Die Heiden plappern viel, wer geistlich weiß zu beten,
Der kann mit A und B[3] getrost vor Gott hintreten.

78. Ein Lieb verzückt das andere

Wenn meine Seele Gott im Geist begegnen kann,
So starrt, o Jesu Christ, ein Lieb das ander an.

79. Der geistliche Tempel Gottes

Die Pforten deiner Stadt, mein Gott, sind perlefein;
Was muß doch für ein Blitz mein Geist, dein Tempel, sein.

80. Das geistliche Zion

Führ auf, Herr, deinen Bau, hier ist die Friedensstadt,
Hier ist, wo Salomon, dein Sohn, sein Zion hat.

81. Der Ölberg

Soll dich des Herren Angst erlösen von Beschwerden,
So muß dein Herze vor zu einem Ölberg werden.

51

82. Das Herze

Mein Herz ist unten eng und obenher so weit,
Daß es Gott offen sei und nicht der Irdigkeit.

83. Der geistliche Berg

Ich bin ein Berg in Gott und muß mich selber steigen,
Daferne Gott mir soll sein liebes Antlitz zeigen.

3   ABBA.

84. Die Erleuchtung

Hinauf! wo dich der Blitz mit Christo soll umgeben,
Mußt du wie seine drei auf Tabors Höhe leben.

85. Dein Kerker bist du selbst

Die Welt, die hält dich nicht, du selber bist die Welt,
Die dich in dir mit dir so stark gefangen hält.

86. Du mußts auch selbst gewinnen

Gott hat wohl gnug getan, doch du trägst nichts davon,
Wo auch nicht du in ihm erkriegest deine Kron.

87. Das geistliche Küchelein

Mein Leib ist eine Schal, in dem ein Küchelein
Vom Geist der Ewigkeit will ausgebrütet sein.

88. Eben vom selbigen

Das arme Küchelein kluckst und pickt für und für;
Wird es denn nicht bald sehn des ewgen Lichtes Zier?

89. Gegen Aufgang mußt du sehn

Freund, willst du an ihm selbst das Licht der Sonne sehn,
So mußt du dein Gesicht hin zu dem Aufgang drehn.

90. Die Unterwürflichkeit

Der Blitz des Sohnes Gotts durchleucht in einem Nun
Die Herzen, welche sich ihm gänzlich untertun.

91. Die Geduld

Geduld ist über Gold: sie kann auch Gott bezwingen
Und was er hat und ist, ganz in mein Herze bringen.

92. Die geheimste Gelassenheit

Gelassenheit fäht Gott; Gott aber selbst zu lassen,
Ist ein Gelassenheit, die wenig Menschen fassen.

93. Der geheime Gotteskuß

Gott küßt mich, seinen Sohn, mit seinem heilgen Geist,
Wenn er mich liebes Kind in Christo Jesu heißt.

94. Eins ist des andern Trost

Gott ist der Lichter Licht, mein Heiland ist die Sonne,
Maria ist der Mond, ich ihrer aller Wonne.

95. Das Lamm und auch der Löw

Wer alles untertritt und alles duldet fein,
Der muß ein Lamm und Löw in einem Wesen sein.

96. Der Geist ist eine Taube

Warum daß Gottes Geist wie eine Taub erscheint?
Er tuts, weil er, mein Kind, dich zu erkeucheln meint.

97. Der heiligen Taube Nest

Wenn du ein Täublein bist und keine Galle hast,
So findest du, mein Christ, im Herzen Jesu Rast.

98. Am sichersten, am besten

Fleuch, meine Taube, fleuch und rast in Christi Seelen,
Wo willst du dich sonst hin verbergen und verhöhlen?

99. Die widergültigen Täubelein

O Wunder, Gott ist mir, ich ihm ein Täubelein,
Schau doch, wie alle zwei einander eines sein.

100. Gib Ruh, so ruhst du wieder

Wenn Gottes Taube kann in deinem Herzen ruhn,
Wird sie dir wiederum das Herze Gotts auftun.

101. Die geheime Überschattung

Ich muß Gotts schwanger sein; sein Geist muß ob mir schweben
Und Gott in meiner Seel wahrhaftig machen leben.

102. Das Äußre tröstet mich nicht

Was hilft michs, Gabriel, daß du Mariam grüßt,
Wenn du nicht auch bei mir derselbe Bote bist.

103. Die geistliche Geburt

Berührt dich Gottes Geist mit seiner Wesenheit,
So wird in dir geborn das Kind der Ewigkeit.

104. Die geistliche Schwängerung

Ist deine Seele Magd und wie Maria rein,
So muß sie augenblicks von Gotte schwanger sein.

105. Ein Riese und auch ein Kind

Wenn Gott sich wesentlich[4] in mir geboren findt,
So bin ich Wunderding ein Ries und auch ein Kind.

106. Erweitert mußt du sein

Erweitere dein Herz, so gehet Gott darein:
Du sollst sein Himmelreich, er will dein König sein.

107. Die Neugeburt

Hat deine Neugeburt mit Wesen nichts gemein,
Wie kann sie ein Geschöpf in Christo Jesu sein?

108. Die Braut Gottes

Kind, werde Gottes Braut, entbeut dich ihm allein;
Du wirst seins Herzens Schatz und er dein Liebster sein.

54

109. Die Welt vergeht nicht

Schau, diese Welt vergeht. Was? sie vergeht auch nicht,
Es ist nur Finsternis, was Gott an ihr zerbricht.

110. Die Verklärung

Mein Leib, der wird vor Gott wie ein Karfunkel stehn,
Wenn seine Grobheit wird im Feuer untergehn.

111. Maria

Du preist Mariam hoch: ich sage noch dabei,
Daß sie die Königin der Königinnen sei.

---

4   Wahrhafftig also wesentliche Busse beym Thaul. instit. c.I.

112. Aus und ein, Gebären und Geborensein

Wenn du in Wahrheit kannst aus Gott geboren sein
Und wieder Gott gebärn, so gehst du aus und ein.

113. Man soll vernünftig handeln

Freund, so du trinken willst, so setz doch deinen Mund
Wie ein Vernünftiger recht an des Fasses Spund.

114. Die Kreaturen sind gut

Du klagst, die Kreaturn, die bringen dich in Pein;
Wie? müssen sie doch mir ein Weg zu Gotte sein.

115. Die geistliche Jagd

Wie wohl wirst du gejagt von Hunden, lieber Christ,
So du nur williglich die Hindin Gottes bist.

116. Die beste Gesellschaft

Gesellschaft acht ich nicht; es sei denn daß das Kind,
Die Jungfrau und die Taub unds Lamm beisammen sind.

117. Die Einsamkeit

Die Einsamkeit ist not; doch sei nur nicht gemein,
So kannst du überall in einer Wüsten sein.

118. Göttlich Leben

Im Fall dich niemand recht und gnug berichten kann,
Was göttlich Leben sei, so sprich den Henoch an[5].

---

5   Henoch heist ein Gott ergebener.

119. Göttliche Gleichheit

Ein Gott ergebner Mensch ist Gotte gleich an Ruh
Und wandelt über Zeit und Ort in jedem Nu.

120. Man ißt und trinkt Gott

Wenn du vergöttet bist, so ißt und trinkst du Gott,
Und dies ist ewig wahr, in jedem Bissen Brot.

121. Das Glied hat des Leibes Wesen

Hast du nicht Leib und Seel und Geist mit Gott gemein,
Wie kannst du dann ein Glied im Leibe Jesu sein?

122. Die geistliche Weinrebe

Ich bin die Reb im Sohn, der Vater pflanzt und speist;
Die Frucht, die aus mir wächst, ist Gott der heilge Geist.

123. Geduld hat ihr Warum

Ein Christ trägt mit Geduld sein Leiden, Kreuz und Pein,
Damit er ewig mag bei seinem Jesu sein.

124. Gott ist voller Sonnen

Weil der gerechte Mensch glänzt wie der Sonnenschein,
So wird nach dieser Zeit Gott voller Sonnen sein.

125. Du mußt das Wesen haben

Gott selbst ists Himmelreich: willst du in Himmel kommen,
Muß Gottes Wesenheit in dir sein angeglommen.

126. Die Gnade wird Natur

56

Fragst du, warum ein Christ sei fromm, gerecht und frei?
So fragest du, warum ein Lamm kein Tiger sei.

127. Das Liebste auf dieser Erden

Fragst du, was meine Seel am liebsten hat auf Erden?
So wisse, daß es heißt: mit nichts beflecket werden.

128. Der Himmel steht stets offen

Verzweifle nicht, mein Christ, du kannst in Himmel traben,
So du nur magst dazu ein männlich Herze haben.

129. Eines Jeden Eigenschaft

Das Tier wird durch die Art, der Mensch durch den Verstand,
Der Engel durch das Schaun, durchs Wesen Gott bekannt.

130. Es muß vergoldet sein

Christ, alles was du tust, das überzeuch mit Gold,[6]
Sonst ist Gott weder dir noch deinen Werken hold.

131. Nimm also, daß du hast

Mensch, nimmst du Gott als Trost, als Süßigkeit und Licht,
Was hast du dann, wenn Trost, Licht, Süßigkeit gebricht?

6   Gold der Liebe.

132. Gottes Eigenschaft

Was ist Gotts Eigenschaft? Sich ins Geschöpf ergießen,
Allzeit derselbe sein; nichts haben, wollen, wissen.[7]

133. Die Gelassenheit

Freund, glaub es, heißt mich Gott nicht in den Himmel gehn,
So will ich lieber hier auch in der Hölle stehn.

134. Die Gleichheit

Wer nirgends ist geborn und niemand wird bekannt,
Der hat auch in der Höll sein liebes Vaterland.

135. Die Gelassenheit

Ich mag nicht Kraft, Gewalt, Kunst, Weisheit, Reichtum, Schein;
Ich will nur als ein Kind in meinem Vater sein.   57

136. Eben von derselben

Geh aus, so geht Gott ein; stirb dir, so lebst du Gott;
Sei nicht, so ist es Er; tu nichts, so gschichts Gebot.

137. Schrift ohne Geist ist nichts

Die Schrift ist Schrift, sonst nichts. Mein Trost ist Wesenheit
Und daß Gott in mir spricht das Wort der Ewigkeit.

---

7   Verstehe accidentaler oder zufälligerweise; denn was Gott wil und weiß,
     daß wil und weiß er wesentlich. Also hat er auch nichts (mit Eigen-
     schaft.)

138. Der Schönste im Himmelreich

Die Seele, welche hier noch kleiner ist als klein,
Wird in dem Himmelreich die schönste Göttin sein.

139. Wie kann man englisch sein?

Kind, willst du englisch sein, so kannst du es bereit;
Wie denn? sie leben stets in Unannehmlichkeit.

140. Die Selbstvernichtung

Nichts bringt dich über dich als die Vernichtigkeit;
Wer mehr vernichtigt ist, der hat mehr Göttlichkeit.

141. Der Grundgelassene

Ein grundgelassner Mensch ist ewig frei und ein;
Kann auch ein Unterschied an ihm und Gotte sein?

142. Du mußt es selber sein

Frag nicht, was göttlich sei; denn so du es nicht bist,
So weißt du es doch nicht, ob dus gleich hörst, mein Christ.

143. In Gott ist alles Gott

In Gott ist alles Gott: ein einzigs Würmelein,
Das ist in Gott so viel, als tausend Gotte sein.

144. Was ist Gelassenheit

Was ist Gelassenheit? Ich sag ohn Heuchelei,
Daß es in deiner Seel der Wille Jesu sei.

58

145. Das Wesen Gottes

Was ist das Wesen Gotts? fragst du mein Engigkeit;
Doch wisse, daß es ist ein Überwesenheit.

146. Gott ist Finsternis und Licht

Gott ist ein lautrer Blitz und auch ein dunkles Nicht,
Das keine Kreatur beschaut mit ihrem Licht.

147. Die ewige Gnadenwahl

Ach zweifele doch nicht; sei nur aus Gott geborn,
So bist du ewiglich zum Leben auserkorn.

148. Der Arme im Geist

Ein wahrer armer Mensch steht ganz auf nichts gericht,
Gibt Gott ihm gleich sich selbst, ich weiß, er nimmt ihn nicht.

149. Du selbst bist alle Dinge

Wie magst du was begehrn? du selber kannst allein
Der Himmel und die Erd und tausend Engel sein.

150. Die Demut ist dir not

Sieh nur fein unter dich; du fleuchst den Blitz der Zeit,
Was meinst du dann zu schaun in Blitz der Ewigkeit?

151. Des Christen Edelstes

Was ist das Edelste? Was ist das Feinperlein
Des neugebornen Christs? Ihm allzeit gleiche sein.

152. Das Allergöttlichste

Kein Ding ist göttlicher, im Fall du es kannst fassen,
Als jetzt und ewiglich sich nicht bewegen lassen.

153. Die Ewigkeit

Was ist die Ewigkeit? Sie ist nicht dies, nicht das,
Nicht Nun, nicht Ichts, nicht Nichts, sie ist, ich weiß nicht was.

154. Ein Stern geht vor die Sonne

Ich frage nicht so viel nach tausend Sonnenschein,
Wenn ich nur mag ein Stern in Augen Jesu sein.

155. Es liegt an dir allein

Ach Mensch versäum dich nicht, es liegt an dir allein,
Spring auf durch Gott, du kannst der Größt im Himmel sein.

156. Gott kennt man durch die Sonne

Die Sonn ist nur ein Glast und alles Licht ein Schein:
Was muß doch für ein Blitz Gott, meine Sonne, sein!

157. Gott schaut man an sich

Wie ist mein Gott gestalt? Geh, schau dich selber an,
Wer sich in Gott beschaut, schaut Gott wahrhaftig an.

158. Die Seele kommt von Gott

Die Seel ist eine Flamm, aus Gott, dem Blitz, gegangen;[8]
Ach sollte sie dann nicht in ihn zurückgelangen?

8   Intellige creaturaliter.

159. Der Geist ist wie das Wesen

Mein Geist ist wie ein Sein, er ahnt dem Wesen nach,
Von dem er urgestand und anfangs ausgebrach.

160. Der Geist stirbt nimmermehr

Der Geist lebt in sich selbst, gebricht ihm gleich das Licht,
(Wie ein Verdammter wird) so stirbet er doch nicht.

161. Im Innern wohnt man wohl

Was meines Geistes Geist, meins Wesens Wesen ist,
Das ists, das ich für mich zur Wohnung hab erkiest.

162. Hinein kehr deine Strahlen

Ach kehrt nur meine Seel, ihr Flammen, um und ein,
So wird sie mit dem Blitz bald Blitz und eines sein.

60

163. Gott wirkt wie das Feuer

Das Feuer schmelzt und eint: sinkst du in Ursprung ein,
So muß dein Geist mit Gott in eins geschmelzet sein.

164. Die Unschuld brennt nicht

Entschulde dich durch Gott: die Unschuld bleibt bewährt
Und wird in Ewigkeit von keiner Glut verzehrt.

165. Ein Tröpflein ist genug

Wer nur ein Tröpflein Bluts aus Christo kann genießen,
Der muß ganz seliglich mit ihm in Gott zerfließen.

166. Die Bosheit hat kein Wesen

Mensch, wenn du durch das Blut des Lammes bist genesen,
So bist du ewiglich kein böser Mensch gewesen.

167. Der Mittler ist nur Jesus

Ich weiß kein Mittel nicht als meinen Jesum Christ;
Sein Blut, das ists, in dem sich Gott in mich ergießt.

168. Eins ist so alt als das andere

Ein Kind, das auf der Welt nur eine Stunde bleibt,
Das wird so alt, als man Methusalem beschreibt.

169. Die Gleichheit schaut Gott

Wem Nichts wie Alles ist und Alles wie ein Nichts,
Der wird gewürdiget des Liebsten Angesichts.

170. Die Scheidung muß geschehen

Die Unschuld ist ein Gold, das keine Schlacken hat;
Entzeuch dich aus dem Kies, so bist dus in der Tat.

171. Der Adler fliegt hoch

Ja, wer ein Adler ist, der kann sich wohl erschwingen
Und über Seraphim durch tausend Himmel dringen.

172. Ein Phönix soll man sein

Ich will ein Phönix sein und mich in Gott verbrennen,
Damit mich nur nichts mehr von ihm könne trennen.

173. Die Schwachen müssen warten

Du armes Vögelein, kannst du nicht selber fliegen,
So bleib doch mit Geduld, bis du mehr Kraft hast, liegen.

174. Es will geübt sein

Versuch mein Täubelein, mit Übung lernt man viel;
Wer nur nicht sitzen bleibt, der kommt doch noch zum Ziel.

175. Der Geist führt in die Wüste

Kannst du dich auf den Geist in deinem Heiland schwingen,
So wird er dich mit sich in seine Wüste bringen.

176. Beständig muß man sein

Verstockt ist halb verlorn; doch wer im Guten kann
Ein Stock und Eisen sein, steht auf des Lebens Bahn.

177. Es wird nicht alles gerichtet

Die Menschen, die in Gott mit Christo sind verschlungen,
Sind durchs Gericht und Tod ganz selig durchgedrungen.

178. Alles steht im Ich und Du Schöpfer und Geschöpfe

Nichts ist als ich und du; und wenn wir zwei nicht sein,
So ist Gott nicht mehr Gott und fällt der Himmel ein.[9]

179. Es soll ein Einigs werden

Ach ja! wär Ich im Du und Du im Ich ein Ein,
So möchte tausendmal der Himmel Himmel sein.

9   Besihe den Begihrer am Ende.

180. Der Mensch ist nichts, Gott alles

Ich bin nicht Ich noch Du: du bist wohl Ich in mir,
Drum geb ich dir, mein Gott, allein die Ehrgebühr.

181. Der Sünder ist verblendet

Der Sünder siehet nichts; je mehr er lauft und rennt
In seiner Eigenheit, je mehr er sich verblendt.

182. Gott ist alles gegenwärtig

Es ist kein Vor noch Nach; was morgen soll geschehn,
Hat Gott von Ewigkeit schon wesentlich gesehn.

183. In der Mitten sieht man alles

Setz dich in Mittelpunkt, so siehst du alls zugleich,
Was jetzt und dann geschicht hier und im Himmelreich.

184. Der Cherubin schaut nur auf Gott

Wer hier auf niemand sieht als nur auf Gott allein,
Wird dort ein Cherubin bei seinem Throne sein.

185. Der Sohn und Gnadenthron

Weg mit dem Schattenstuhl: der eingeborne Sohn
Ist nun in mir das Selbst und mein Versöhnungsthron.

186. Man soll Gott nicht versuchen

Sei züchtig, keusch und still; wer unbedachtsam rennt,
Wird von der Majestät gestürzet und verbrennt.

187. Ich darf kein Ferngesicht

Freund, so ich für mich selbst kann in die Weite sehn,
Was darf es dann erst durch dein Ferngesicht geschehn?

188. Man mißt das Wesen nicht

Es ist kein Anfang nicht, es ist auch nicht ein Ende,
Kein Mittelpunkt noch Kreis, wie ich mich immer wende.

189. Der Anfang findet das Ende

Wenn Gott sich mit mir Mensch vereinigt und verbindt,
So sieht der Anbeginn, daß er sein Ende findt.

63

190. Von Gott

Gott, der genießt sich selbst, wird seiner auch nicht satt,
Weil er an sich allein die höchste Gnüge hat.

191. Verbotnes muß man meiden

Wer sich nicht mit der Frucht, die Gott verboten, speist,
Wird aus dem Paradeis nicht einen Tritt verweist.

192. Rechtschaffen muß man sein

Ach Bruder, werde doch! was bleibst du Dunst und Schein?
Wir müssen wesentlich ein Neues worden sein.

193. Der Sieg ist wesentlich

Mensch, weil es nicht im Wolln und eignen Laufen liegt,
So mußt du tun wie Gott, der ohne Willen siegt.

194. Das Licht gibts zu erkennen

Geh, ruf den Morgenstern; denn wenn der Tag anbricht,
So siehet man erst recht, was schön ist oder nicht.

195. Regieren ist königlich

Wer wohl regieren kann im Streit, in Freud und Pein,
Der wird in Gottes Reich ein ewger König sein.

196. Die Demut ist sehr gut

Ich mag kein König sein; und so ich es je muß,
So werf ich mich doch stracks, mein Gott, vor deinen Fuß.

197. Verleugnung seiner selbst

Herr, nimm die Krone hin; ich weiß ja nichts vom Mein;
Wie kann sie dann mit Recht mein und nicht deine sein?

198. Gott spielt mit dem Geschöpfe

Dies alles ist ein Spiel, das sich die Gottheit macht;
Sie hat die Kreatur um ihretwilln erdacht.

199. Auch Gott verleugnet sich

Wenn Gott zum Heilgen spricht: du, du hast mich erzielt,
Sag, ob er nicht mit ihm recht der Verleugnung spielt?[10]

200. Die Aufgegebenheit

Wer seine Seele hat verloren und vergeben,
Der kann ganz seliglich mit Gott die Wette leben.

10   Matth. 25* Weil Gott ihm Cnade und Kraft darzu gegeben, oder es
selbst durch seinen Geist in jhm dem Menschen gethan.

201. Der Mensch der andere Gott

Sag zwischen mir und Gott den eingen Unterscheid?
Es ist mit einem Wort nichts als die Anderheit.

202. Alleine sein gleicht Gott

Wer stets alleine lebt und niemand wird gemein,
Der muß, ist er nicht Gott, gewiß vergöttet sein.

203. Die Demut steigt am höchsten

Wer in der Demut Gotts am tiefsten ist versunken,
Der ist der höchste Glanz aus allen Himmelsfunken.

204. Der Mensch Immanuel

Wer stets in sich die Schlang und Drachen kann ermorden,
Der ist Immanuel in Christo Jesu worden.

205. Das Böse scheidet vom Guten

Iß Butter, iß, mein Kind, und Honig (Gott) dabei,
Damit du lernst, wie bös und gut zu scheiden sei.

206. Ein Mann und auch ein Kind

Ein Mann ist nicht ein Kind; doch wisse, daß ein Mann,
So du nur willst, in dir, mein Kind, wohl leben kann.

207. Gott ist in dir das Leben

Nicht du bist, der da lebt: denn das Geschöpf ist tot;
Das Leben, das in dir dich leben macht, ist Gott.

65

208. Gelassen muß man ewig sein

Wer auch im Paradies nicht noch soll untergehn,
Der Mensch muß ewiglich auch Gottes ledig stehn.

209. Die wahre Ledigkeit

Die wahre Ledigkeit ist wie ein edles Faß,
Das Nektar in sich hat: es hat und weiß nicht was.

210. Die göttliche Heiligkeit

Mensch, ists dein Ernst, du kannst ohn allen falschen Schein
So heilig und gerecht als Gott, dein Schöpfer, sein.

211. Was ist die Heiligkeit?

Rechtschaffne Heiligkeit ist wie ein güldnes Glas
Durchaus poliert und rein. Geh und betrachte das.

212. Sechs Dinge sind nur eins

Rat, wie ein Mensch und Gott, ein Löw, Lamm, Ries und Kind
In einer Kreatur ein einigs Wesen sind.

213. Die Wörtlein Aus und Ein

Zwei Wörtlein lieb ich sehr: sie heißen Aus und Ein:
Aus Babel und aus mir, in Gott und Jesum ein.

214. Die Werke gelten gleich

Hab keinen Unterscheid, heißt Gott den Mist verführen:
Der Engel tuts so gern, als ruhn und musizieren.

215. Man muß sich recht bequemen

Wer sich zum Aufgang kehrt und wart auf seinen Gott,
In dem kommt bald herfür das gnädge Morgenrot.

216. Was heißt englisch leben?

Rein, lauter, glassen sein, recht lieben, dienen, schauen
Heißt wohl mit gutem Recht ein englisch Leben bauen.

217. Der achtmal Selige

Sei hungrig, arm und sanft, barmherzig, friedlich, rein,
Betrübt, verfolgt um Gott, so kannst du selig sein.

218. Die Weisheit wird gemeistert

Die Weisheit tadelt nichts;[11] sie aber muß allein
Von ihrer Kreatur so oft getadelt sein.

219. Die guten Werke

Mit Speise, Trank und Trost, Beherbergen, Bekleiden,
Besuchen in der Not heißt Gottes Lämmlein weiden.

220. Wachen, Fasten, Beten

Drei Werke muß man tun, wenn man vor Gott will treten;
Er fordert sonst auch nichts als Wachen, Fasten, Beten.

221. Gott sieht nur zwei Dinge

Zwei Dinge sieht nur Gott, den Bock und mich sein Lamm:
Vom Bocke scheidet mich ein einge Liebesflamm.

---

11 Und Gott sahe, daß es alles gutt war, was Er gemacht hatte.

222. Es muß gewuchert sein

Knecht wuchre, daß du hast: denn wenn der Herr wird kommen,
So wird von ihm allein der Wuchrer angenommen.

223. Gott liebt die Keuschheit sehr

Die Keuschheit ist bei Gott so kräftig wert und rein,
Als tausend Lilien vor einer Tulpe sein.

224. Die liebreiche Buße

Freund, so du ja nicht willst ein Junggeselle bleiben,
So wolle dich doch nur mit Magdalen beweiben.

225. Die Feuertaufe

Getaufet muß man sein: wen Geist und Feuer tauft,
Der ists, der ewiglich in keinem Pfuhl ersauft.

226. Die Taufe

Ach Sünder trotze nicht, daß du getaufet bist;
Die schönste Lilie wird im Kot zu Kot und Mist.

227. Auch davon

Was hilft dichs, daß du bist mit Wasser abgewaschen,
So du in dir nicht dämpfst die Lust vom Kot zu naschen.

228. Nur eins will Gott von uns

Ein einzigs Wort spricht Gott zu mir, zu dir und allen:
Lieb! tun wir das durch ihn, wir müssen ihm gefallen.

229. Das Bildnis halt in Ehren

Speist du die Bilder an und bist doch selbst ein Bild?
Was meinst du dann von dir, wie du bestehen wilt?

230. Der Lebensbaum

Soll dich des Lebens Baum befrein von Todsbeschwerden,
So mußt du selbst in Gott ein Baum des Lebens werden.

231. Die Sonnenwende

Verwundre dich nicht, Freund, daß ich auf nichts mag sehn,
Ich muß mich alle Zeit nach meiner Sonne drehn.

232. Grün und weiß hat den Preis

Zwei Farben halt ich hoch und suche sie mit Fleiß:
Grün in Gerechtigkeit, in Christi Unschuld weiß.

233. Die Tugend lebt in Liebe

Fürwahr, die Tugend lebt, ich sags ohn Deutelei:
Lieb, und so siehest du, daß Lieb ihr Leben sei.

234. Erwähle, was du willst

Lieb ist die Königin, die Tugenden Jungfrauen,
Die Mägde Werk und Tat: wem willst du dich vertrauen?   68

235. Die geheime Mäßigkeit

Wer keines Dings zu viel in sich pflegt einzusaufen,
Auch Gotts[12] (versteh mich recht), den muß ich mäßig taufen.

---

12   denotatur hic gula Spiritualis.

236. Friedreich heißt Gottes Sohn

Nenn mich nicht Seraphin, nicht Cherubin, nicht Thron!
Ich will der Friedreich sein, denn so heißt Gottes Sohn.[13]

237. Gott will Vollkommne haben

Entwachse dir, mein Kind: willst du zu Gott hinein,
So mußt du vor ein Mann vollkommnes Alters sein.

238. Aus Tugend wächst der Friede

Fried ist der Tugendlohn, ihr End und Unterhalt,
Ihr Band und Seligkeit: ohn ihn zerstäubt sie bald.

239. Der innerliche Friede

In sich mit Gott und Mensch befriedigt sein und ein,
Das muß, bei guter Treu, Fried über Friede sein.

240. Der göttliche Friede

Ach, wer in Gott, sein End und seinen Sabbat, kommen,
Der ist in Frieden selbst verformt und aufgenommen.

241. Die vierfache Überwindung

Mit Listigkeit, Geduld, Gehorsam, Mäßigkeit
Erhältst du wider dich, Gott, Welt und Feind, den Streit.

242. Jerusalem liegt mitten

Wer in der Mitten liegt und lacht zu Spott und Hohn,
Der ist Jerusalem, des Königs Stadt und Thron.

---

13   beat pacifici quoniam filij Dei vocabuntur.

243. Die Sanften sind die Lämmer

Wen weder Gott noch Feind bringt aus der Sanften Orden,
Der ist nun ganz ein Lamm im Lamme Jesu worden.

244. Verachtet sein bringt Wonne

Verlacht, verlassen stehn, viel leiden in der Zeit,
Nichts haben, können, sein ist meine Herrlichkeit.

245. Die Gottheit ist meine Mutter

Aus Gott bin ich geborn: ists ohne Deutelei,
So frage mich nur nicht, wer meine Mutter sei.

246. Der Teufel

Der Teufel höret nichts als donnern, poltern, krachen;
Drum kannst du ihn mit Lust durch Sanftmut töricht machen.

247. Du kannst dem Feind vergeben

Entbrenne doch, mein Kind, und sei ein Licht in Gott,
So bist du Belials Gift, Finsternis und Tod.

248. Die Stille gleicht dem ewigen Nichts

Nichts ist dem Nichts so gleich als Einsamkeit und Stille:
Deswegen will sie auch, so er was will, mein Wille.

249. Der Teufel sieht kein Licht

Mensch, wickle dich in Gott, verbirg dich in sein Licht:
Ich schwöre dir beim Ja, der Teufel sieht dich nicht.

250. Die Sanftmut zeigt es an

Kann ich an deiner Tür vergoldet Ölholz kennen,
So will ich dich des Blicks den Tempel Gottes nennen.

251. Es muß von Gott herkommen

Soll meine Lampe Licht und lautre Strahlen schießen,
So muß das Öl aus dir, mein liebster Jesu, fließen.

252. Die höchste Benedeiung

Kein Mensch hat jemals Gott so hoch gebenedeit,
Als der ihm, daß er ihn zum Sohn gebiert, verleiht.

253. Mit Meiden muß man streiten

Hast du Verworfenheit, Verachten, Meiden, Fliehn,
So kannst du thurstiglich mit Gott zu Felde ziehn.

254. Das seraphinische Leben

Aus Liebe gehn und stehn, Lieb atmen, reden, singen
Heißt seine Lebenszeit wie Seraphim verbringen.

255. Fünf Staffeln sind in Gott

Fünf Staffeln sind in Gott: Knecht, Freund, Sohn, Braut, Gemahl;
Wer weiter kommt,[14] verwird und weiß nichts mehr von Zahl.

256. Nichts Unreines kommt vor Gott

Ach Mensch, werd überformt! fürwahr du mußt so fein
Vor Gottes Angesicht als Christi Seele sein.

14   annihilatur, â seipso diffluit, deficit et c. sc: moraliter.

257. Du auch mußt für ihn sterben

Des Herren Christi Tod hilft dir nicht eh, mein Christ,
Bis auch du selbst für ihn in ihm gestorben bist.

258. Die Ewigkeit

Im Fall dich länger dünkt die Ewigkeit als Zeit,
So redest du von Pein und nicht von Seligkeit.

71

Drittes Buch

1. Auf die Krippe Jesu

Dies Holz ist köstlicher als Salomonis Thron,
Weil drein geleget wird der wahre Gottes Sohn.

2. Über den Stall

Ach, Pilger, kehr hier ein, der Stall zu Bethlehem
Ist besser als die Burg und Stadt Jerusalem.
Du herbergest hier wohl, weil sich das ewge Kind
Mit seiner Jungfrau, Braut und Mutter hier befindt.

3. An die Jungfrau Maria

Sag an, o werte Frau, hat dich nicht auserkorn
Die Demut, daß du Gott empfangen und geborn?
Sag, obs was anders ist? damit auch ich auf Erden
Kann eine Magd und Braut und Mutter Gottes werden.

4. Ein Seufzer

Man legte Gott aufs Stroh, als er ein Mensch ward, hin;
Ach, daß ich nicht das Heu und Stroh gewesen bin.

5. An den Gelehrten

Du grübelst in der Schrift und meinst mit Klügelei
Zu finden Gottes Sohn; ach mache dich doch frei
Von dieser Sucht und komm in Stall, ihn selbst zu küssen,
So wirst du bald der Kraft des werten Kinds genießen.

6. Die Gottes gewürdigte Einfalt

Denkt doch, was Demut ist! seht doch, was Einfalt kann!
Die Hirten schauen Gott am allerersten an.
Der sieht Gott nimmermehr, noch dort noch hier auf Erden,
Der nicht ganz inniglich begehrt, ein Hirt zu werden.

7. Das wohlbetaute Heu

Kein Vieh hat besser Heu, weil Gras wächst, je genossen,
Als was mein Jesulein, der Ärmste, hat begossen
Mit seiner Äuglein Tau. Ich dächte mich allein
Durch diese Kost gerecht und ewig satt zu sein.

8. Die selige Nachtstille

Merk, in der stillen Nacht wird Gott, ein Kind, geborn
Und wiederum ersetzt, was Adam hat verlorn.
Ist deine Seele still und dem Geschöpfe Nacht,
So wird Gott in dir Mensch und alles wiederbracht.

9. An die Hirten

Gib Antwort, liebes Volk, was hast du doch gesungen,
Als du in Stall eingingst mit den erbebten Zungen
Und Gott ein Kind gesehn? Daß auch mein Jesulein
Mit einem Hirtenlied von mir gepreist kann sein.

10. Das unerhörte Wunder

Schaut doch, ihr Lieben, schaut, die Jungfrau säugt ein Kind,
Von welchem ich und sie und ihr gesäuget sind.

11. Der eingemenschte Gott

Gott trinkt der Menschheit Milch, läßt seiner Gottheit Wein:
Wie sollt er dann nunmehr nicht gar durchmenschet sein.

12. Es trägt und wird getragen

Das Wort, das alles trägt, auch selbsten Gott, den Alten,
Muß hier ein Jungfräulein mit ihren Ärmlein halten.

13. Ich die Ursach

Sag, allerliebstes Kind, bin ichs, um den du weinst?
Ach ja, du siehst mich an, ich bins wohl, den du meinst.

14. Küssungs-Begierde

Ach laß mich doch, mein Kind, mein Gott, an deinen Füßen
Nur einen Augenblick das mindste Brünklein küssen.
Ich weiß, werd ich von dir nur bloß berühret sein,
Daß stracks verschwinden wird mein und auch deine Pein.

15. Der beste Lobgesang

Singt, singt, ihr Engel, singt! mit hunderttausend Zungen
Wird dieses werte Kind nicht würdiglich besungen.
Ach möcht ich ohne Zung und ohne Stimme sein!
Ich weiß, ich säng ihm stracks das liebste Liedelein.

16. Er mir, ich ihm

Wißt, Gott wird mir ein Kind, liegt in der Jungfrau Schoß,
Daß ich ihm werde Gott und wachs ihm gleich und groß.

17. Am nächsten am besten

Mensch werde Gott verwandt aus Wasser, Blut und Geist,
Auf daß du Gott in Gott aus Gott durch Gotte seist.
Wer ihn umhalsen will, muß ihm nicht nur allein
Befreundet sondern gar sein Kind und Mutter sein.

18. Die beweglichste Musika

O seht das liebe Kind, wie es so süße weint,
Daß alle Stößerlein herzgrundbeweglich seind.
Laß doch mein Ach und O in deins vermengt erschallen,
Daß es vor allem Ton Gott könne wohlgefallen.

19. Die selige Überformung

Ich rate dir verformt ins Jesulein zu werden,
Weil du begehrst zu sein erlöset von Beschwerden.
Wem Jesus helfen soll vom Teufel, Tod und Pein,
Der muß wahrhaftig auch ganz eingejeset sein.

20. Gott-Mensch

Ja denkt doch, Gott wird ich und kommt ins Elend her,
Auf daß ich komm ins Reich und möge werden er.

21. Gott ist ein Kind, warum?

Der ewge Gottes Sohn wird heut erst Kind genannt,
Da er doch tausend Jahr den Vater schon gekannt.
Warum? Er war kein Kind. Die Mutter machts allein,
Daß er wahrhaftiglich kann Kind gegrüßet sein.

77

22. Das größte Wunder

O Wunder, Gottes Sohn ist ewiglich gewesen
Und seine Mutter ist doch heut erst sein genesen.

23. Die geistliche Mutter Gottes

Marien Demut wird von Gott so wert geschätzt,
Daß er auch selbst ihr Kind zu sein sich hoch ergötzt.
Bist du demütiglich wie eine Jungfrau rein,
So wird Gott bald dein Kind, du seine Mutter sein.

24. An das Kindlein Jesu

Wie soll ich dich, mein Kind, die kleine Liebe nennen,
Dieweil wir deine Macht unendlich groß erkennen?
Und gleichwohl bist du klein! ich sprech dann: groß und klein,
Kind, Vater, Gott und Mensch, o Lieb, erbarm dich mein.

25. Ein Kind sein ist am besten

Weil man nunmehr Gott selbst, den Größten, kleine findt,
So ist mein größter Wunsch, zu werden wie ein Kind.

26. Der Mensch das Würdigste

Gott, weil er wird ein Mensch, zeigt mir, daß ich allein
Ihm mehr und werter bin, als alle Geister sein.

27. Der Name Jesus

Der süße Jesus-Nam ist Honig auf der Zung,
Im Ohr ein Brautgesang, im Herz ein Freudensprung.

28. Der Kreis im Punkte

Als Gott verborgen lag in eines Mägdleins Schoß,
Da war es, da der Punkt den Kreis in sich beschloß.

29. Das Große im Kleinen

Du sprichst, das Große kann nicht in dem Kleinen sein,
Den Himmel schließt man nicht ins Erdenstüpfchen ein.
Komm, schau der Jungfraun Kind, so siehst du in der Wiegen
Den Himmel und die Erd und hundert Welten liegen.

78

30. Auf die Krippe Jesu

Hier liegt das werte Kind, der Jungfrau erste Blum,
Der Engel Freud und Lust, der Menschen Preis und Ruhm.
Soll er dein Heiland sein und dich zu Gott erheben,
So mußt du nicht sehr weit von seiner Krippe leben.

31. Dein Herz, wenns leer, ist besser

Ach Elend, unser Gott muß in dem Stalle sein!
Räum aus, mein Kind, dein Herz und gibs ihm eilends ein.

32. Der Himmel wird zur Erden

Der Himmel senket sich, er kommt und wird zur Erden.
Wann steigt die Erd empor und wird zum Himmel werden?

33. Wenn Gott empfangen wird

Alsdann empfängst du Gott, wenn seines Geistes Güte
Beschattet seine Magd, die Jungfrau, dein Gemüte.

34. Auf das Kreuz unseres Erlösers

Gewiß ist dieser Baum vom Lebensbaum gehegt,
Weil er solch edle Frucht, das Leben selber, trägt.

35. Das Allersüßeste

Süß ist der Honigseim, süß ist der Rebenmost,
Süß ist das Himmelsbrot, der Isreliten Kost.
Süß ist, was Seraphin von Anbeginn empfunden,
Noch süßer ist, Herr Christ, das Süße deiner Wunden.

79

36. Die übertreffliche Liebe

Ganz unbegreiflich ist die Lieb, aus der sich Gott
In eines Mägdlein Schoß zum Bräutgam mir entbot.
Doch gleichet diesem nichts, daß er auch Leib und Leben
Am Kreuze wie ein Schelm für mich hat hingegeben.

37. Der verliebte Gott

Gott liebet mich allein, nach mir ist ihm so bange,
Daß er auch stirbt vor Angst, weil ich ihm nicht anhange.

38. Die heilsame Wunde

Die Wunde, die mein Gott für mich ins Herz empfängt,
Verursacht, daß er mir sein Blut und Wasser schenkt.
Trink ich mich dessen voll, so haben meine Wunden
Ihr wahres Balsamöl und besten Heiltrank funden.

39. Der beste Stand unter dem Kreuze

Das Blut, das unserm Herrn aus seiner Wunde fleußt,
Ist seiner Liebe Tau, damit er uns begeußt.
Willst du befeuchtet sein und unverwelklich blühen,
So mußt du nicht einmal von seinem Kreuze fliehen.

40. Ans Kreuze Christi

Schau, deine Sünden sinds, die Christum, unsern Gott,
So unbarmherzig verdammen bis in Tod.
Jedoch verzweifle nicht, bist du nur Magdalen,
So kannst du seliglich bei seinem Kreuze stehn.

41. An den Kreuzfliehenden

Ach Kind! ists dir denn auch zurzeit noch nicht bewußt,
Daß man nicht immer liegt an unsres Herren Brust?
Wen er am liebsten hat, der muß in Kreuz und Pein,
In Marter, Angst und Tod der Nächste bei ihm sein.

42. An den Sünder

Wach auf, du toter Christ, schau, unser Pelikan
Sprengt dich mit seinem Blut und Herzenswasser an.
Empfängst du dieses recht mit aufgetanem Mund,
So bist du augenblicks lebendig und gesund.

80

43. Das Osterlamm

Der Juden Osterlamm war Fleisch und Blut von Tieren
Und dennoch konnte sie der Würger nicht berühren.
Eß ich mein Osterlamm und zeichne mich mit Blut,
Das sein verwundter Leib für mich vergießen tut,
So eß ich meinen Herrn, Gott, Bruder, Bräutgam, Bürgen:
Wer ist denn nun, der mich kann schlagen und erwürgen?

44. Auf das Grab Jesu

Hier liegt der, welcher ist und war, eh er geworden,
Ein Held, der seinen Feind mit Leiden kann ermorden.
Willst du ihm werden gleich und Überwinder sein,
So leid, meid, fleuch und stirb in Wollust und in Pein.
Weißt du nicht, wer er ist? so merke diese Drei:
Daß er ein Mensch und Gott und dein Erlöser sei.

45. Grabschrift der hl. Mechtildis

Hier liegt die Jungfrau Gotts, die blühende Mechtild,
Mit der er oft sein Herz gekühlt hat und gestillt.

46. Eine andere

Hier lieget Gottes Braut, Mechtild, das liebe Kind,
In welches Vater, Sohn und Geist verliebet sind.

47. Auf den Grabstein St. Francisci

Hier liegt ein Seraphin, mich wundert, wie der Stein
Bei solchem Flammenfeur noch ganz kann blieben sein.

48. Der einige Tag

Drei Tage weiß ich nur als Gestern, Heut und Morgen:
Wenn aber Gestern wird ins Heut und Nun verborgen
Und Morgen ausgelöscht, so leb ich jenen Tag,
Den ich, noch eh ich ward, in Gott zu leben pflag.

49. Grabschrift des Gerechten

Hier ist ein Mann gelegt, der stets im Durste lebte
Und nach Gerechtigkeit bei Tag und Nachte strebte
Und nie gesättigt ward. Nun ist ihm allbereit
Sein Durst gestillt mit Gott, der süßen Ewigkeit.

50. Das Große im Kleinen

Mein Gott, wie mag das sein? Mein Geist, die Nichtigkeit,
Sehnt zu verschlingen dich, den Raum der Ewigkeit!

51. Braut und Bräutigam

Ein Bräutgam sein ist viel, noch mehr der Braut genießen
Und ihren süßen Mund mit Herzensliebe küssen.
Ich aber liebe mehr die Hochzeit, da ich Braut
Gott meinem Bräutigam werd innig eingetraut.

52. Grabschrift der hl. Jungfrauen Gertrudis

Glaub, hier in diesem Grab liegt nur ein bloßer Schein,
Es kann Gertrudis nicht, wie man vermeinet, sein.
Wo sie nicht sollt ihr Grab im Herzen Jesu haben,
So mußte Jesus sein aus ihrem ausgegraben.

53. Was Gott am liebsten ist

Nichts ist, das Gott so sehr als eine Jungfrau liebt,
Daß er auch ihr sich selbst zur Frucht und Kind ergibt.
Willst du sein Liebstes sein noch hier auf dieser Erden,
So darfst du anders nichts als eine Jungfrau werden.

54. Auf das Bildnis des kleinen Johannis mit dem Jesuskindlein

Die große Lieblichkeit, mit welcher Gottes Kind,
Johannes und das Lamm allhier gemalet sind,
Macht, daß ich inniglich begehre, ganz zu sein
Johannes oder ja ein lautres Lämmelein.

55. An den Sünder

O Sünder, wenn du wohl bedächtst das kurze Nun
Und dann die Ewigkeit, du würdst nichts Böses tun.

82

56. Von dem Gottsbegierigen

Dem Gottsbegierigen wird dieser Punkt der Zeit
Viel länger als das Sein der ganzen Ewigkeit.

57. Des Christen Kriegens-Art

Gewöhne dich, mein Kind, auf Christi Art zu kriegen,
So wirst du deinen Feind gar ritterlich besiegen.
Wie da? mit Liebe streit, mit Sanftmut und Geduld
Weich seinen Streichen aus und sei ihm gerne huld.

58. Es muß gestritten sein

Freund, wer den Himmel nicht erobert und bestürmt,
Der ist nicht wert, daß ihn sein Oberster beschirmt.

59. Die Liebe zwingt Gott

Das Himmelreich wird leicht erobert und sein Leben:
Belagre Gott mit Lieb, er muß dir's übergeben.

60. Majestät mit Liebe

Wärs wahr, daß Majestät nicht könnte stehn mit Liebe?
So sage mir, wie Gott ein ewger König bliebe.

61. Die Demut macht bestehn

Mensch überheb dich nicht, die Demut ist dir Not;
Ein Turn ohn rechten Grund fällt von sich selbst in Kot.

62. Von St. Laurentius

Verwundere dich nicht, daß mitten auf der Glut
St. Laurenz seinen Mund so unverzagt auftut.
Die Flamme, die ihm hat in ihm sein Herz entzündt,
Macht, daß er äußerlich das Kohlfeur nicht empfindt.

63. An die hl. Klara

Wer dich genennet hat, hat dir den Namen geben,
Den du mit Wahrheit hast hier und in jenem Leben.

64. An St. Augustin

Dieweil dein Herz nach Gott so lodert, Augustin,
Nenn man dich billiger hinfüro Seraphin.

83

65. Von Maria Magdalena

Die Tränen, welche du bei unsers Herren Füßen
Die nasse Magdalen so häufig siehst vergießen,
Sind ihr zerschmolznes Herz. Dies kränket sie allein,
Daß nicht ihr Seel und Leib ganz sollen Tränen sein.

66. Von der allerseligsten Jungfrauen

Der jungfräuliche Leib, der unser Himmelsbrot
In sich beschlossen hielt, ist wahrlich nicht mehr tot.
Es fault kein Zederbaum: so wär es auch nicht fein,
Wenn außerm Tempel Gotts sein Arche sollte sein.

67. An St. Bernhard

Bernhard, weil mit dem Mund dein Herz stimmt überein,
So kann es anders nichts als lauter Jesus sein.

68. Die Seligkeit

Was ist die Seligkeit? Ein Zufluß aller Freuden,
Ein stetes Anschaun Gotts, ein Lieben ohn Verdruß,
Ein Leben ohne Tod, ein süßer Jesus Kuß,
Nicht einen Augenblick vom Bräutgam sein gescheiden.

69. Des Heiligen Reichtum

Sei arm, der Heilige hat nichts in dieser Zeit,
Als was er ungern hat, den Leib der Sterblichkeit.

70. Gott der Freigebigste

Gott gibt sich ohne Maß: je mehr man ihn begehrt,
Je mehr und mehr er sich erbietet und gewährt.

71. Irdischer Seraphin

Du bist ein Seraphin noch hier auf dieser Erden,
Wo du dein Herze läßt zu lauter Liebe werden.

72. Ewiges Leben in der Zeit

Wer Gott in allem Tun von Herzen loben kann,
Der hebt schon in der Zeit das ewge Leben an.

73. Von St. Bartholomä

Sag, ob auch jemand ist, der mehr verlassen kann,
Als St. Bartholomä zur Leidenszeit getan?
Die andern ließen zwar dem Herrn zu Ehrn ihr Leben,
Er aber hat auch noch die Haut dazu gegeben.

74. Der Frommen und Bösen Eigentum

Die Frommen haben gar nichts Eignes in der Welt
Und die Gottlosen nichts im ewgen Himmelszelt.

75. Das köstlichste Grab

Kein Grab ist köstlicher bis heute zu gewesen,
Als was von Lazari, des armen, wird gelesen.
Und doch verlang ichs nicht: Ich wünsche mir allein
In meines Heilands Schoß tief einversenkt zu sein.

76. Die Seel ist Gottes Bild

Das Bildnis Gottes ist der Seelen eingeprägt,
Wohl dem, der solche Münz in reiner Leinwand trägt.

77. Der Rosenobel

Wie töricht ist der Mensch, der Gold für Gott erkiest
Und weiß, daß seine Seel ein Rosenobel ist.

78. Die geistliche Sulamith

Gott ist mein Salomon, ich seine Sulamith,
Wenn ich ihn herzlich lieb und er sich mir entbiet.

79. Die geistliche Hochzeit

Die Braut ist meine Seel, der Bräutgam Gottes Sohn,
Der Priester Gottes Geist und seiner Gottheit Thron
Ist der Vermählungsort. Der Wein, der mich macht trunken,
Ist meines Bräutgams Blut, die Speisen allzumal
Sind sein vergöttet Fleisch; die Kammer und der Saal
Unds Bett ists Vaters Schoß, in der wir sind versunken.

80. Gott kann nicht alls allein

Gott, der die Welt gemacht und wieder kann zunichten,
Kann nicht ohn meinen Willn die Neugeburt ausrichten.

81. Der beste Wucherer

Dem Wuchrer fall ich bei, der sich so viel erlaufen,
Daß er sich kann ein Gut im Himmelreich erkaufen.

82. Ein jeder von dem Seinen

Der Schiffmann redt vom Meer, der Jäger von den Hunden,
Der Geizige vom Gold und ein Soldat von Wunden.
Mir, weil ich bin verliebt, will anders nichts gebührn,
Als Gott und seine Lieb im Munde stets zu führn.

83. Der größte Titel

Wer meiner Seele will den größten Titel geben,
Der nenn sie Gottes Braut, sein Herze, Schatz und Leben.

84. Von den Rosen

Die Rosen seh ich gern, denn sie sind weiß und rot
Und voller Dornen wie mein Blutbräutgam, mein Gott.

85. Du sollst sein weiß und rot

Von Herzen wünsch ich mir ein Herze, Herr mein Gott,
In deiner Unschuld weiß, von deinem Blute rot.

86. Auch unter Dornen blühen

Christ, so du unverwelkt in Leiden, Kreuz und Pein
Wie eine Rose blühst, wie selig wirst du sein.

87. Dich auftun wie die Rose

Dein Herz empfähet Gott mit alle seinem Gut,
Wenn es sich gegen ihn wie eine Ros auftut.

88. Es muß gekreuzigt sein

Freund, wer in jener Welt will lauter Rosen brechen,
Den müssen vor allhier die Dornen gnugsam stechen.

89. Die Schönheit

Die Schönheit lieb ich sehr; doch nenn ich sie kaum schön,
Im Fall ich sie nicht stets seh untern Dornen stehn.

90. Jetzt mußt du blühen

Blüh auf, gefrorner Christ, der Mai ist vor der Tür,
Du bleibest ewig tot, blühst du nicht jetzt und hier.

91. Die geheime Rose

Die Ros ist meine Seel, der Dorn des Fleisches Lust,
Der Frühling Gottes Gunst, sein Zorn ist Kält und Frost,
Ihr Blühn ist Gutes tun, den Dorn, ihr Fleisch, nicht achten,
Mit Tugenden sich ziern und nach dem Himmel trachten.
Nimmt sie die Zeit wohl wahr und blüht, weils Frühling ist,
So wird sie ewiglich für Gottes Ros erkiest.

92. Das Edelste und Schnödeste

Nichts edlers ist nach Gott als meine Seel allein,
Wendt sie sich von ihm ab, so kann nichts schnöder sein.

93. Das größte Heiligtum

Kein größer Heiligtum kann man auf Erden finden
Als einen keuschen Leib mit einer Seel ohn Sünden.

94. Das Werteste

Kein Ding ist auf der Welt so hoch und wert zu achten
Als Menschen, die mit Fleiß nach keiner Hoheit trachten.

87

95. Das Schädlichste

Die Sünde, weil sie Gott erzürnt und dich verletzt,
Wird billig schädlicher als Satan selbst geschätzt.

96. Der Ärmste

Der reichste Teufel hat nicht einen Kieselstein.
Du Sünder bist sein Sklav, kann auch was Ärmers sein?

97. Die glückseligen Sünden

Glückselig preis ich dich und alle deine Sünden,
Wo sie nur endlich das, was Magdalene, finden.

98. Sich nicht verstellen, ist nicht sündigen

Was ist nicht sündigen? du darfst nicht lange fragen,
Geh hin, es werdens dir die stummen Blumen sagen.

99. Ein reines Herz schaut Gott

Der Adler sieht getrost grad in die Sonn hinein
Und du in ewgen Blitz, im Fall dein Herz ist rein.

100. Die Sanftmut besitzt das Erdreich

Du strebst so emsiglich nach einem Flecklein Erden;
Durch Sanftmut könntest du der ganzen Erbherr werden.

101. Das lebendige Totengrab

Mensch! ist dein Antlitz schön und deine Seele bleich,
So bist du lebendig den Totengräbern gleich.

102. Der Weg zum Schöpfer

Du armer Sterblicher, ach bleib doch nicht so kleben
An Farben dieser Welt und ihrem schnöden Leben.
Die Schönheit des Geschöpfs ist nur ein bloßer Steg,
Der uns zum Schöpfer selbst, dem Schönsten, zeigt den Weg.

103. Gerechtigkeit macht selig

Wer selig werden will, der muß mit weißer Seiden
So zierlich, als er kann, sein Leib und Seel bekleiden.

104. Grabschrift einer heiligen Seele

Hier liegt die große Braut, der Menschheit Christi Lohn,
Der Gottheit Ehr und Ruhm, des heilgen Geistes Thron.

105. Wie man Gottes Huld erlangt

Im Munde Honigseim, im Herzen trage Gold,
In Augen lautres Licht, so wird dir Christus hold.

106. An den Sünder

Ach, Sünder, traue nicht, weil du die Magdalen
Befriedigt und getrost von unserm Herrn siehst gehn.
Du bist ihr noch nicht gleich, willst du des Trosts genießen,
So lege dich zuvor wie sie zu seinen Füßen.

107. Ein unbefleckter Mensch ist über die Engel

Ein Engel sein ist viel, noch mehr ein Mensch auf Erden
Und nicht mit ihrem Wust und Kot besudelt werden.

108. Der Vollkommene ist nie fröhlich

Mensch! ein vollkommner Christ hat niemals rechte Freud
Auf dieser Welt: warum? er stirbet allezeit.

109. Der Leib ist Ehren wert

Halt deinen Leib in Ehrn, er ist ein edler Schrein,
In dem das Bildnis Gotts soll aufbehalten sein.

110. Der selige Sünder

Kein Sünder ist so wohl und selig je gestorben,
Als der des Herren Gunst wie Magdalen erworben.

111. Das menschliche Herze

Gott, Teufel, Welt und alls will in mein Herz hinein,
Es muß ja wunderschön und großen Adels sein!

112. Das Herz ist unermeßlich

Ein Herze, welches sich vergnügt mit Ort und Zeit,
Erkennet wahrlich nicht sein Unermeßlichkeit.

113. Der Tempel Gottes

Ich bin der Tempel Gotts und meines Herzens Schrein
Ists Allerheiligste, wenn er ist leer und rein.

114. Die Überformung

Dann wird das Tier ein Mensch, der Mensch ein englisch Wesen
Und dieses Gott, wenn wir vollkommlich sind genesen.

115. Du mußt zuvor das sein

Mensch, soll Gott und sein Lamm dein ewger Tempel sein,
So mußt du ihm zuvor dein Herz zu einem weihn.

116. Der geistliche Opferzeug

Mein Herz ist ein Altar, mein Will ists Opfergut,
Der Priester meine Seel, die Liebe Feur und Glut.

117. Der Eckstein ist das Beste

Den Goldstein suchet man und läßt den Eckestein,
Durch den man ewig reich, gesund und klug kann sein.

118. Der Weisen Stein ist in dir

Mensch, geh nur in dich selbst! Denn nach dem Stein der Weisen
Darf man nicht allererst in fremde Lande reisen.

119. Der Eckstein macht, was ewig währt

Der Goldstein machet Gold, das mit der Welt vergeht,
Der Eckstein einen Bau, der ewiglich besteht.

90

120. Die beste Tingierung

Den halt ich im Tingiern für Meister und bewährt,
Der Gott zu Lieb sein Herz ins feinste Gold verkehrt.

121. Wir habens besser als die Engel

Den Engeln geht es wohl, noch besser uns auf Erden;
Denn keiner ihrs Geschlechts kann Gotts Gemahlin werden.

122. Das größte Wunderwerk

Kein größer Wunderwerk hat man noch nie gefunden,
Als daß sich Gott mit Kot (dem Menschen) hat verbunden.

123. Gott geht doch etwas ab

Man sagt, Gott mangelt nichts, er darf nicht unsrer Gaben;
Ists wahr, was will er dann mein armes Herze haben?

124. Die geistliche Drachenstürzung

Wenn du aus dir verjagst die Sünd und ihr Getümmel,
So wirft St. Michael den Drachen aus dem Himmel.

125. Die Hoffart und Demut

Die Hoffart wird gehaßt, die Demut wird geliebt,
Und doch ist kaum ein Mensch, der sie vor jener übt.

126. Der Weg zur Heiligkeit

Der allernächste Weg zur wahren Heiligkeit
Ist Demut auf dem Pfad der keuschen Reinigkeit

127. Der ewge Sabbat in der Zeit

Ein Mensch, der sich in sich in Gott versammeln kann,
Der hebt schon in der Zeit den ewgen Sabbat an.

128. Sich selbst regiern ist königlich

Ein Mensch, der seine Kräft und Sinne kann regiern,
Der mag mit gutem Recht den Königstitel führn.

129. Der gerade Weg zum Leben

Wenn du willst grades Wegs ins ewge Leben gehn,
So laß die Welt und dich zur linken Seiten stehn.

130. Der Mundtrank Gottes

Der Trank, den Gott der Herr, am allerliebsten trinkt,
Ist Wasser, das vor Lieb aus meinen Augen dringt.

91

131. Das geheime Königreich

Ich bin ein Königreich, mein Herz, das ist der Thron,
Die Seel ist Königin, der König Gottes Sohn.

132. Das Herze

Mein Herze, weil es stets in Gott gezogen steht
Und ihn herwieder zeucht, ist Eisen und Magnet.

133. Von der hl. Theresa

Theresa will sonst nichts als leiden oder sterben.
Warum? die Braut muß sich den Bräutgam so erwerben.

134. Der liebste Mensch bei Gott

Der allerliebste Mensch, den Gott hat in der Zeit,
Ist, der viel Kreuz und Pein um seinetwillen leidt.

135. Ein Herz umschließet Gott

Gar unausmeßlich ist der Höchste, wie wir wissen,
Und dennoch kann ihn ganz ein menschlich Herz umschließen.

136. Mittel zur Heiligkeit

Dein Geist sei aufgespannt, dein Herze leer und rein,
Demütig deine Seel, so wirst du heilig sein.

137. Die Lieb ist alle Tugenden

Die Lieb ist nie allein, wer sich mit ihr beweibt,
Dem wird das ganze Chor der Jungfern einverleibt.

92

138. Die Lieb ist tot

Ach, ach, die Lieb ist tot! wie ist sie denn gestorben?
Vor Frost, weil niemand sie geacht, ist sie verdorben.

139. Was man sucht, das findet man

Der Reiche suchet Gold, der Arme suchet Gott.
Gold findt der arme Mensch wahrhaftig, jener Kot.

140. Das königliche Leben

Gib deinen Willen Gott; denn wer ihn aufgegeben,
Derselbe führt allein ein königliches Leben.

141. Wir sollens Gott wieder sein

Gott, der bequemt sich uns, er ist uns, was wir wollen;
Weh uns, wenn wir ihm auch nicht werden, was wir sollen.

142. In Sanftmut wohnet Gott

Besänftige dein Herz; Gott ist in starken Winden,
In Erdbewegungen und Feuer nicht zu finden.

143. Die Lampe muß recht brennen

Ach, Jungfrau, schmücke dich, laß deine Lampe brennen,
Sonst wird der Bräutigam dich nicht für Braut erkennen.

144. Die Morgenröt und Seele

Die Morgenröt ist schön, noch schöner eine Seele,
Die Gottesstrahl durchleucht in ihres Leibes Höhle.

145. Gotts süßester Geruch

Der süßeste Geruch, der Gott so sehr beliebt,
Steigt auf vom Lob, das ihm ein reines Herze gibt.

146. Die Macht der Seelen

Die Seel ist groß von Macht, Gott selbst muß ihr gestehn
Und kann ihr nimmermehr ohn ihren Willn entgehn.

147. Gott will alleine sein

Verschließ Gott in dein Herz, laß keinen andern drein,
So muß er stets bei dir und dein Gefangner sein.

148. Gott ist mein Punkt und Kreis

Gott ist mein Mittelpunkt, wenn ich ihn in mich schließe;
Mein Umkreis dann, wenn ich aus Lieb in ihn zerfließe.

149. Das Hochzeitskleid ist not

Der Himmel tut sich auf, der Bräutgam kommt gegangen,
O, Braut, wie willst du ihn ohns Hochzeitskleid empfangen?

150. Die Last unds Joch des Herren

Süß ist des Herren Joch und sanfte seine Last.
Wohl dir, wenn du sie stets auf deinen Achseln hast.

151. Der Heilige trauert nie

Der Heilige kann nie im Geist betrübet sein.
Warum? er lobt Gott stets auch in der größten Pein.

152. Der Himmlische auf Erden

Wer reines Herzens ist und züchtig in Gebärden
Und hoch verliebt in Gott, ist himmlisch auf der Erden.

153. Die Knechte, Freunde und Kinder

Die Knechte fürchten Gott, die Freunde lieben ihn,
Die Kinder geben ihm ihr Herz und allen Sinn.

154. Vom St. Ignatius

Wie, daß Ignatius von Tieren wird zerbissen?
Er ist ein Weizenkorn, Gott wills gemahlen wissen.

155. Es weiset uns zur Freuden

Ein Herze voller Gott mit einem Leib voll Leiden
Tut uns am besten kund den Weg zur ewgen Freuden.

156. Die Lieb ist über Wissen

Mit Gott vereinigt sein und seinen Kuß genießen,
Ist besser als viel Ding ohn seine Liebe wissen.

157. St. Agneten Grabschrift

St. Agnes lieget hier, die Jungfrau und die Braut,
Die keinem andern Mann als Christo sich vertraut.
Doch nein, sie liegt nicht hier; wer sie will sehen stehn,
Der muß, so nah man kann, zum Lämmlein Gottes gehn.

158. Die Jungfrauschaft muß fruchten

Gott liebt die Jungfrauschaft um ihrer süßen Früchte,
Alleine läßt er sie nicht vor sein Angesichte.

159. Die lieblichste Musik

Die lieblichste Musik, die Gott den Grimm benimmt,
Entsteht, wenn Herz und Mund in ihm zusammenstimmt.

160. Die Lieb ist ewig

Die Hoffnung höret auf, der Glaube kommt zum Schauen,
Die Sprachen redt man nicht und alles, was wir bauen,
Vergehet mit der Zeit: die Liebe bleibt allein.
So laßt uns doch schon jetzt auf sie beflissen sein.

161. Was Gott nicht kennt

Gott, der sonst alles sieht und alles bringt ans Licht,
Kennt einen losen Mann und leere Jungfrau nicht.

162. Der Irrwisch

Wer ohne Liebe lauft, kommt nicht ins Himmelreich,
Er springt bald hin bald her, ist einem Irrwisch gleich.

163. Die geheime Wiedergeburt

Aus Gott wird man geborn, in Christo stirbet man
Und in dem heilgen Geist fäht man zu leben an.

95

164. Die Lieb ists Glaubens Seele

Der Glaub allein ist tot, er kann nicht eher leben,
Bis daß ihm seine Seel, die Liebe, wird gegeben.

165. Des Gottverliebten Wunsch

Drei wünsch ich mir zu sein: erleucht wie Cherubim,
Geruhig wie ein Thron, entbrannt wie Seraphim.

166. Das Kreuze

Vor Zeiten war das Kreuz die größte Schmach und Hohn;
Nun trägts der Kaiser selbst auf seinem Haupt und Kron.

167. Der Geiz ist manchmal gut

Der Geizhals scharrt und kratzt um zeitlichen Gewinn;
Ach, daß wir uns nicht so um ewigen bemühn!

168. Die Gottheit

Die Gottheit ist ein Brunn, aus ihr kommt alles her
Und lauft auch wieder hin. Drum ist sie auch ein Meer.

169. Die Buße

Die Buß ist wie ein Strom, sie dämpft mit ihren Wellen
Den größten Gotteszorn und löscht das Feur der Höllen.

170. Vom ewigen Bewegen

Du suchst mit solchem Fleiß das ewige Bewegen
Und ich die ewge Ruh. Woran ist mehr gelegen?

171. Ein Narr sucht vielerlei

Der Weise sucht nur eins und zwar das höchste Gut.
Ein Narr nach vielerlei und Kleinem streben tut.

172. Das Edelste, das Gemeinste

Je edeler ein Ding, je mehr ist es gemein;
Das spüret man an Gott und seiner Sonnen Schein.

173. Das Merkmal ist die Liebe

Mensch, wenn du willst im Volk die Freunde Gotts erfragen,
So schau nur, welche Lieb in Herz und Händen tragen.

174. Nur Gott sei dein Warum

Nicht du noch Freund noch Feind, nur Gottes Ehr allein
Soll einzig dein Warum und Endursache sein.

175. Was Gott von Ewigkeit getan

Was tat Gott vor der Zeit in seinem ewgen Thron?
Er liebete sich selbst und zeugte seinen Sohn.

176. Eins muß verlassen sein

Mensch, anders kanns nicht sein, du mußts Geschöpfe lassen,
Wo du den Schöpfer selbst gedenkest zu umfassen.

177. Die lange Marter

Es ist den Märtyrern gar herrlich wohl gelungen,
Daß sie durch kurzen Tod zu Gott sind eingedrungen.
Wir werden fort und fort die ganze Lebenszeit
Gemartert. Und von wem? von der Begierlichkeit.

178. Wer reich im Herrn, den lieb ich gern

Den Armen bin ich huld, doch lieb ich mehr die Reichen,
Die keinem Fürstentum im Himmel dürfen weichen.

179. Vom Lieben

Die Liebe dieser Welt, die endt sich mit Betrüben,
Drum soll mein Herz allein die ewge Schönheit lieben.

180. Gott weiß sich keinen Anfang

Du fragst, wie lange Gott gewest sei, um Bericht?
Ach schweig, es ist so lang, er weiß es selber nicht.

181. Auch von Gott

Gott ist noch nie gewest und wird auch niemals sein
Und bleibt doch nach der Welt, war auch vor ihr allein.

182. Es muß gestritten sein

Streit hurtig, tapfrer Mann, bis du erlangst die Kron.
Wer in dem Streit erliegt, hat ewig Spott und Hohn.

183. Beharrlichkeit ist Not

Das größte, das ein Mensch bedarf zur Seligkeit,
Wo er im Guten steht, ist die Beharrlichkeit.

184. Du mußt dich noch gedulden

Erwart es, meine Seel! das Kleid der Herrlichkeit
Wird keinem angetan in dieser wüsten Zeit.

185. Der Weisheit Anfang, Mittel und Ende

Die Furcht des Herren ist der Weisheit Anbeginn;
Ihr End ist seine Lieb, ihr Mittel kluger Sinn.

186. Haß und Liebe

Das Gute lieb ich hoch, dem Bösen bin ich feind,
Schau, ob nicht Lieb und Haß wohl beieinander seind?

187. Man solls aufs Höchste bringen

Mein Tun geht nur dahin, daß ich noch mög auf Erden
Maria oder ja der Jünger Christi werden.

188. Das Wort wird noch geboren

Fürwahr das ewge Wort wird heute noch geborn,
Wo da? da wo du dich in dir hast selbst verlorn.

189. Johannes an der Brust

Ach, wer Johannes ist, der liegt nach aller Lust
In seines Meisters Schoß und süßen Jesus Brust!

98

190. Vom Sünder und Geiste Gottes

Der Geist des Herrn erfüllt den ganzen Erdenkreis;
Wo ist der Sünder denn, der ihn nicht fühlt noch weiß?

191. Gott liebt man nie zu viel

Wer Gott recht lieben will, der tuts ohn Maß und Ziel;
Er ist so süß und gut, man liebt ihn nie zu viel.

192. Drei Worte sind erschrecklich

Drei Worte schrecken mich: das Immer-, Allezeit-
Und Ewig-sein verlorn, verdammt, vermaledeit.

193. Die Liebe ist die beste

Ich mag mich auf der Welt in keiner Kunst so üben,
Als wie ich meinen Gott aufs innigste soll lieben.

194. Die Weisheit ist das beste Weib

Begehrest du ein Weib, die prächtig, reich und fein,
So nimm die Weisheit nur, sie wird dir alles sein.

195. Die Welt ist von einer Jungfrau gemacht

Von einer Jungfrau[1] ist die ganze Welt gemacht,
Durch eine Jungfrau wird sie neu und wiederbracht.

196. Die Weisheit und die Liebe

Die Weisheit schauet Gott, die Liebe küsset ihn;
Ach daß ich nicht voll Lieb und voller Weisheit bin.

197. Die Weisheit ist Gottes Rat

Wer die Geheimnisse des Herren gerne hat,
Der muß zur Weisheit gehn, sie ist geheimer Rat.

198. Auf Hoffnung säet man

Man wirft das Weizenkorn auf Hoffnung in die Erden,
So muß das Himmelreich auch ausgestreuet werden.

199. Die Wirkung der hl. Dreifaltigkeit

Die Allmacht hält die Welt, die Weisheit, die regiert,
Die Güte segnet sie; wird hier nicht Gott gespürt?

200. Der Weise redet wenig

Ein Weiser, wenn er redt, was nutzet und behagt,
Obgleich es wenig ist, hat viel genug gesagt.

1   Der Weisheit.

201. Gott gibt gern große Gaben

Gott, weil er groß ist, gibt am liebsten große Gaben;
Ach, daß wir Arme nur so kleine Herzen haben!

202. Man kann auch Gott verwunden

Gott wird von nichts verletzt, hat nie kein Leid empfunden,
Und doch kann meine Seel ihm gar das Herz verwunden.

203. Der Mensch ist groß vor Gott

Wie groß sind wir gesehn! die hohen Seraphim
Verdecken sich vor Gott; wir dürfen bloß zu ihm.

204. Man achtet das Ewige nicht

Ach weh! um eitle Lust verscherzt man Gut und Blut
Und um die ewige fast niemand werben tut!

205. Der Allerverliebteste, der Allerheiligste

Wer ist der Heiligste? der mehr verliebet ist:
Die Liebe machts, daß man für heilig wird erkiest.

206. Vom Gewissen

Ein gut Gewissen ruht, ein böses beißt und billt,
Ist wie ein Kettenhund, der schwerlich wird gestillt.

207. Vom Wissen

Viel Wissen ist zwar fein; doch gibts nicht solche Lust,
Als sich von Kindheit an nichts Böses sein bewußt.

100

208. Des Weisen Goldmachung

Der Weise machet Gold, verändert Erz und Stein,
Wenn er die Tugend pflanzt und uns macht englisch sein.

209. Gott ist mein Himmelbrot

Ich habe nichts so gern in meinem Mund als Gott;
Er schmeckt mir wie ich will: er ist mein Himmelbrot.

210. Du mußt geübt werden

Freund, habe doch Geduld, wer vor dem Herrn soll stehn,
Der muß vor vierzig Jahr in der Versuchung gehn.

211. Die Gliedmaßen der Seelen

Die Seel sieht mit Verstand, geht mit Begierden fort,
Mit Andacht redet sie, kommt mit Verharrn an Port.

212. Das Vieh lebt nach den Sinnen

Wer nach den Sinnen lebt, den schätz ich für ein Vieh,
Wer aber göttlich wird, dem beug ich meine Knie.

213. Die Weisheit ist ein Quell

Die Weisheit ist ein Quell, je mehr man aus ihr trinkt,
Je mehr und mächtiger sie wieder treibt und springt.

214. Die Heiligen messen Gott

Wer gründt die Tiefe Gotts? wer schätzt, wie hoch er flammt?
Wer mißt ihn lang und breit? die Heilgen allesamt.[2]

2   Ephes. 3.

215. Der da war, ist und kommen wird

Der Vater war zuvor, der Sohn ist noch zur Zeit,
Der heilge Geist wird sein im Tag der Herrlichkeit.

216. Gott tut es alles selbst

Gott ist nur alles gar; er stimmt die Saiten an,
Er singt und spielt in uns: wie hast denn dus getan?

101

217. Gott ist überall und nirgends

Denkt, überall ist Gott, der große Jehova,
Und ist doch weder hier noch anderswo noch da.

218. Im Himmel ist kein Mann noch Weib

Im Himmel ist kein Mann noch Weib, was dann zu schauen?
Jungfräulich Engel sinds und englische Jungfrauen.

219. Wer viel verläßt, empfäht viel

Laß alles, was du hast, auf daß du alles nimmst;
Verschmäh die Welt, daß du sie hundertfach bekömmst.

220. Der Seelen höchster Stand

Niemand hat seinen Stand so hoch und groß gemacht
Als eine Seel, die ihr Gemüt in Ruh gebracht.

221. Der Böse kann nicht ruhen

O Wunder! Alles lauft, daß es zur Ruh gelange;
Und einem bösen Mann ist bei derselben bange.

222. Des Himmels und der Höllen Geschrei

Im Himmel ruft man stets Hosanna in der Höh
Und in der Hölle nichts als Jammer, Ach und Weh!

223. Dein Wille kann dir helfen

Verzage nicht, mein Kind, hast du nur guten Willen,
So wird sich endlich wohl dein Ungewitter stillen.

224. Die Jungfrau muß auch Mutter sein

Die Jungfrauschaft ist wert, doch muß sie Mutter werden,
Sonst ist sie wie ein Plan von unbefruchter Erden.

225. Bedenk das Künftige

Bei Gott ist ewge Lust, beim Teufel ewge Pein;
Ach, Sünder, denke doch, bei welchem du wirst sein.

226. Allein und nicht allein

Ich fliehe zwar das Volk, bin aber nie allein,
Denn weh! wie sollte mir ohn meinen Heiland sein!

227. Die dreifache Zukunft Christi

Die Zukunft unsers Herrn war, ist und wird geschehn
Im Fleisch, im Geist und wenn man ihn wird herrlich sehn.

228. Die Augen der Seele

Zwei Augen hat die Seel: eins schauet in die Zeit,
Das andre richtet sich hin in die Ewigkeit.

229. Der Haß seiner selbst

Ich lieb und hasse mich, ich führe mit mir Kriege,
Ich brauche List und Macht, daß ich mich selbst besiege.
Ich schlag und töte mich, ich mach es, wie ich kann,
Daß ich nicht Ich mehr bin: rat, was ich für ein Mann?

230. Der Glaube, Hoffnung, Liebe und Andacht

Der Glaube greift nach Gott, die Hoffnung nimmt ihn wahr,
Die Lieb umhalset ihn, die Andacht ißt ihn gar.

231. Das fein Perlein

Der Herr vergleicht sein Reich mit einem fein Perlein,
Daß es soll wohl bewahrt und wert geschätzet sein.

232. Miß dir doch ja nichts zu

Freund, so du etwas bist, so bleib doch ja nicht stehn,
Man muß aus einem Licht fort in das andre gehn.

233. Drei Feinde des Menschen

Drei Feinde hat der Mensch: Sich, Beelzebub und Welt,
Aus diesen wird der erst am langsamsten gefällt.

103

234. Die Seel ists teuerste

Ich halte meine Seel fürs teurest auf der Erden,
Weil sie mit Gottes Blut erkauft hat müssen werden.

235. Der dreifache Gotteskuß

Drei Stände küssen Gott: die Mägde falln zu Füßen,
Die Jungfern nahen sich, die milde Hand zu küssen;
Die Braut so ganz und gar von seiner Lieb ist wund,
Die liegt an seiner Brust und küßt den Honigmund.

236. Des Teufels, Engels, Menschen und Viehes Kennzeichen

Die Teufel lästern Gott, das Vieh, das acht ihn nicht,
Die Menschen lieben ihn, die Engel schaun sein Licht
Stets unverwendet an. Aus diesen kannst du kennen,
Wen du sollst Engel, Mensch, Vieh oder Teufel nennen.

237. Wer Christo gleich ist

Wer ist dem Herren gleich? Der seine Feinde liebt,
Für die Verfolger bitt und Guts um Böses gibt.

238. Die innerliche Geburt Gottes

Ach Freude! Gott wird Mensch und ist auch schon geboren!
Wo da? in mir; er hat zur Mutter mich erkoren.
Wie gehet es denn zu? Maria ist die Seel,
Das Krippelein mein Herz, der Leib, der ist die Höhl.
Die neu Gerechtigkeit sind Windeln und sind Binden,
Der Joseph Gottes Furcht, die Kräfte des Gemüts
Sind Engel, die sich freun, die Klarheit ist ihr Blitz,
Die keuschen Sinnen sind die Hirten, die ihn finden.

239. Bedeutung des Namens Jesus

Kein Nam ist unter alln so hoch gebenedeit
Als Jesus; denn er ist ein Schatz voll Seligkeit.

240. Die drei geistlichen Weisen

Drei Weisen tragen Gott in mir drei Gaben an:
Der Leib Zerknirschungs-Myrrhn, die Seele Gold der Liebe,
Der Geist den Weiherauch der Andacht, wie er kann.
Ach daß ich immerdar so dreimal weise bliebe!

104

241. Die geheime Seelenflucht

Herodes ist der Feind, der Joseph der Verstand,
Dem macht Gott die Gefahr im Traum (im Geist) bekannt.
Die Welt ist Bethlehem, Ägypten Einsamkeit,
Fleuch, meine Seele, fleuch, sonst stirbest du vor Leid.

242. Die Wundergeburt

Maria ist Kristall, ihr Sohn ist himmlisch Licht;
Drum dringt er ganz durch sie und öffnet sie doch nicht.

243. Die wunderliche Umwechslung

Schaut Wunder! Gottes Sohn wird jung in lauter Freuden
Und muß mit lauter Angst von hinnen wieder scheiden.
Wir kommen auf die Welt mit Tränen und vergehn
Mit Lachen, wo wir recht in seinem Geiste stehn.

244. Sei niemals sicher

Ach, Jungfrau, sieh dich vor; denn wenn du Mutter worden,
So suchet stracks der Feind dein Kindlein zu ermorden.

245. Die unerhörte Verkehrung

Es kehrt sich alles um: die Burg ist in der Höhle,
Die Krippe wird ein Thron, der Tag kommt in der Nacht,
Die Jungfrau bringt ein Kind; ach Mensch! sei auch bedacht,
Daß sich verkehre wohl dein Herze, Geist und Seele.

246. Von der Krippe

Die Krippe halt ich nun für einen Kleinodschrein,
Weil Jesus drinnen liegt, der mein Karfunkelstein.

247. Von der Jungfrauen Maria

Das Weib umgibt den Mann, der Jungfrau wird vertraut
Der Held. Wie da? sie ist das Brautbett und auch Braut.

248. Die Perlengeburt

Die Perle wird vom Tau in einer Muschelhöhle
Gezeuget und geborn und dies ist bald beweist,
Wo dus nicht glauben willst: der Tau ist Gottes Geist,
Die Perle Jesus Christ, die Muschel meine Seele.

249. Der Jahrs Beschluß

Es wird das alte Jahr, das sich nun schließt, gehalten,
Als wenn's vergangen wär. Und dies ist wahr, mein Christ,
Wo du ein neuer Mensch in Gott geworden bist;
Ists nicht, so lebst du noch wahrhaftig in dem alten.

Viertes Buch

1. Gott wird, was er nie war

Der ungewordne Gott wird mitten in der Zeit,
Was er nie ist gewest in aller Ewigkeit.

2. Der Schöpfer wird das Geschöpfe

Das unerschaffne Licht wird ein erschaffnes Wesen,
Daß sein Geschöpfe nur durch selbes kann genesen.

3. An das Jesuskind

Ich habe dich, mein Kind, du zarter Nazarener,
Den Lilien oft vergleicht; nun aber geb ichs an,
Daß ich dir viel zu kurz und Unrecht hab getan:
So viel du edler bist, so viel bist du auch schöner.

4. Das geheime Nazareth und die geistliche Verkündigung

Maria, Nazareth und Gabriel, der Bot,
Ist meine Seel, mein Herz und neues Licht von Gott.
Mein Herze zwar, wenn es ein Blumental geworden,
Die Seele, wenn sie steht im keuschen Jungfern Orden
Und wohnt in diesem Tal; das neue Gnadenlicht,
Wenn Gott sein ewges Wort in ihrem Geiste spricht.

5. Von dem Jesuskinde an der Mutter Brüsten

Wie schlecht ist Gottes Sohn bewirtet auf dem Heu,
Man siehet nichts um ihn als lauter Armutei.
Er achtets aber nicht und läßt sich wohl genügen,
Weil er kann an der Brust der süßen Mutter liegen.

6. Gott auf dem Stroh

Je, daß sich Gott den Stall unds Stroh hat auserkiest!
Es ziemet sich also, weil er ein Lämmlein ist.

7. Der Fall Evens ist Ursach, daß Gott Mensch worden

Der ewge Gottessohn kommt her in diese Wüsten
Und nährt sich wie ein Kind an einer Jungfrau Brüsten.
Wer hat ihm dieses Weh verursacht und gemacht?
Ein abgefallnes Weib hat ihn dazu gebracht.

8. Der Name Jesus

Der Name Jesus ist ein ausgegossnes Öle,
Er speiset und erleucht und stillt das Weh der Seele.

9. Das Unaussprechliche

Das Unaussprechliche, das man pflegt Gott zu nennen,
Gibt sich in einem Wort zu sprechen und zu kennen.

10. Die volle Seligkeit

Der Mensch hat eher nicht vollkommne Seligkeit,
Bis daß die Einheit hat verschluckt die Anderheit.

11. Mit Schweigen ehrt man Gott

Die heilge Majestät, willst du ihr Ehr erzeigen,
Wird allermeist geehrt mit heilgem Stilleschweigen.

12. In einem alles Heil

In Einem steht mein Heil, in Einem meine Ruh;
Drum lauf ich mit Verlust viel Dings dem Einen zu.

13. Die Eigenschaft der drei Stände

Die Büßer flehn Gott an, die Freien danken ihm,
Die Bräute sind voll Lieb und Ruh wie Seraphim.

14. Gott gibt das Groß im Kleinen

Nimm, was der Herr dir gibt, er gibt das Groß im Kleinen,
In schlechten Schlacken Gold, ob wirs zwar nicht vermeinen.

15. Überschrift der hl. Agatha

Dies war die keusche Seel, die Gott von freier Hand
Geehrt hat und erlöst ihr Volk und Vaterland.

110

16. Der Schnee in der Sonne

Wie schöne glänzt der Schnee, wenn ihn der Sonnen Strahlen
Mit himmelischem Licht bestreichen und bemalen.
So glänzt auch deine Seel, so sie ist weiß wie Schnee,
Wenn sie beschienen wird vom Anfang aus der Höh.

17. Zu dem Herrn Jesu

Ich nah mich, Herr, zu dir als meinem Sonnenschein,
Der mich erleucht, erwärmt und macht lebendig sein.
Nahst du dich wiederum zu mir als deiner Erden,
So wird mein Herze bald zum schönsten Frühling werden.

18. Der Tugend Ziel ist Gott

Gott ist der Tugend Ziel, ihr Antrieb, ihre Kron,
Ihr einziges Warum und ist auch all ihr Lohn.

19. Ein gut Gewissen

Was ist ein guter Mut, der wohl mit Gotte steht?
Ein stetes Fröhlichsein und ewiges Bankett.

20. Die Weltlust

Mensch! schau die Lust der Welt, die endet sich mit Pein,
Wie kannst du ihr denn auch so ganz ergeben sein?

21. Der unerkannte Gott

Was Gott ist, weiß man nicht. Er ist nicht Licht, nicht Geist,
Nicht Wahrheit, Einheit, Eins, nicht was man Gottheit heißt.
Nicht Weisheit, nicht Verstand, nicht Liebe, Wille, Güte,
Kein Ding, kein Unding auch, kein Wesen, kein Gemüte.
Er ist, was ich und du und keine Kreatur,
Eh wir geworden sind, was er ist, nie erfuhr.

22. An St. Augustin

Halt an, mein Augustin, eh du wirst Gott ergründen,
Wird man das ganze Meer in einem Grüblein finden.

23. Göttliche Beschauung

Das überlichte Licht schaut man in diesem Leben
Nicht besser, als wenn man ins Dunkle sich begeben.

24. Die Überformung

Du mußt den Leib in Geist, den Geist in Gott versetzen,
Wenn du dich, wie dein Wunsch, vollkömmlich willst ergötzen.

25. Die Gottesschauer

Was tun die Schauer Gotts? sie tun das in der Zeit,
Was andre werden tun dort in der Ewigkeit.

26. Moses

Denkt, Mosis Antlitz ward so glänzend als die Sonne,
Da er das ewge Licht im Dunkeln nur gesehn!
Was wird nicht nach der Zeit den Seligen geschehn,
Wenn sie Gott werden schaun im Tag der ewgen Wonne?

27. Die Seligen

Was tun die Seligen, so man es sagen kann?
Sie schaun ohn Unterlaß die ewge Schönheit an.

28. Die Heiligen und Gottlosen

Die Heiligen sind Gott ein lieblicher Geruch,
Die Bösen ein Gestank, ein Abscheu und ein Fluch.

29. Die Liebe

Die Lieb ist wie der Tod, sie tötet meine Sinnen,
Sie brichet mir das Herz und führt den Geist von hinnen.

30. Gott über alle Gaben

Ich bitte dich, mein Gott, zwar oft um deine Gaben,
Doch wisse, daß ich dich viel lieber selbst will haben.
Drum gib mir, was du willst, es sei auch ewges Leben,
Gibst du mir dich nicht selbst, so hast du nichts gegeben.

112

31. Die glückselige Muße

Johannes an der Brust, Maria bei den Füßen,
Tun alle zwei sonst nichts, als daß sie Gotts genießen.
Wie wohl sind sie daran! könnt ich so müßig sein,
Ich regete mich nicht, fiel auch der Himmel ein.

32. Eines jeden Element

Im Wasser lebt der Fisch, die Pflanzen in der Erden,
Der Vogel in der Luft, die Sonn im Firmament,
Der Salamander muß im Feur erhalten werden,
Im Herzen Jesu ich als meinem Element.

33. Des Paradeis auf Erden

Du suchst das Paradeis und wünschest hinzukommen,
Wo du von allem Leid und Unfried bist entnommen.
Befriedige dein Herz und mach es rein und weiß,
So bist du selbst noch hier dasselbe Paradeis.

34. Gott lieben geht vor alles

Laß einen alle Lust der ganzen Welt genießen
Und einen dreimal mehr, als Salmon wußte, wissen;
Laß einen schöner sein als Davids Absalon,
Gib einen, der mehr Stärk und Macht hat als Simson,
Und einen, der mehr Gold als Krösus hat zu zeigen,
Und noch der alles kann, wie Alexander beugen,
Ja, der dies alles ist, so sag ich doch ganz frei:
Daß auch ein schlechter Mann, der Gott liebt, besser sei.

35. Die Tiefe, Höhe, Breite und Länge Gottes

Durch Weisheit ist Gott tief, breit durch Barmherzigkeit,
Durch Allmacht ist er hoch, lang durch die Ewigkeit.

36. Beschaulichkeit

Sei rein, schweig, weich und steig auf in die Dunkelheit,
So kommst du über alls zu Gotts Beschaulichkeit.

113

37. Bescheidenheit

Das Richtscheit des Gemüts ist die Bescheidenheit;
Wer sich nach ihr nicht mißt, der fehlt der Tugend weit.

38. Gott nichts und alles

Gott ist ein Geist, ein Feur, ein Wesen und ein Licht
Und ist doch wiederum auch dieses alles nicht.

39. Der Gelassene ist schon selig

Ein Mensch, der Gott sich läßt in allen Fälln und Weisen,
Den kann man wahrlich schon im Leibe selig preisen.

40. Die Braut Gottes

Die Braut des ewgen Gotts kann jede Seele werden,
Wo sie nur seinem Geist sich unterwirft auf Erden.

41. Das Abendmahl des Lammes

Das Lamm, das hat sein Mahl zur Abendzeit bestimmt;
Warum? weil man darauf zur ewgen Ruhe kömmt.

42. Maria

Maria wird genannt ein Thron und Gotts Gezelt,
Ein Arche, Burg, Turm, Haus, ein Brunn, Baum, Garten, Spiegel,
Ein Meer, ein Stern, der Mond, die Morgenröt, ein Hügel.
Wie kann sie alles sein? sie ist ein andre Welt.

43. Der Jünger, den Gott liebt

Ein Mensch, der ganz und gar sich abwendt von der Welt
Und seinen Leib und Seel dem Herren heilig hält,
Stirbt noch verdirbet nicht, ob man ihm gleich vergibt;
Fragst du warum? er ist der Jünger, den er liebt.

44. Rot und weiß

Rot von des Herren Blut wie Sammetröselein,
Durch Unschuld weiß wie Schnee soll deine Seele sein.

45. Von Maria Magdalena an dem Kreuze

Wie, daß die Magdalen das Kreuze so umschränkt?
Es ist, weil Jesu dran, ihr Allerliebster, hängt.

46. Auf die Wunden Jesu

Ich seh die Wunden an als offne Himmelspforten
Und kann nunmehr hinein an fünf gewissen Orten.
Wo komm ich aber stracks bei meinem Gott zu stehn?
Ich will durch Füß und Händ ins Herz der Liebe gehn.

47. Dort geht es anders zu

Hier hängt das Lamm am Kreuz, dort sitzts auf Gottes Thron,
Hier trägts den Dornenkranz, dort eine Kaiserkron.
Hier ist es Untertan, dort herrscht es über alle,
Hier tuts den Mund nicht auf, dort redts mit hellem Schalle,
Hier weints und dorten lachts: drum tröste dich, mein Christ,
Daß sich dein Kreuz verkehrt, wo du dies Lamm nur bist.

48. Das Kreuz

Ich habe mir das Kreuz vor allem Schatz erkiest,
Weils meines Leibes Pflug und Seelenanker ist.

49. Die Herrlichkeit Christi in dieser Welt

Der Szepter ist ein Rohr, ein Dornenbusch die Kron,
Die Nägel aller Schmuck, ein tötlich Kreuz der Thron.
Sein Blut ists Purpurkleid, die Mörder die Trabanten,
Das Hofgesind ein Schaum von Buben und Sergeanten,
Der Mundtrank bittre Gall, die Musik Hohn und Spott:
Dies ist die Herrlichkeit, die hier hat unser Gott.

50. Die Schädelstätte

Ist dies die Schädelstätt? wie kommt es dann, daß hier
Die Ros und Lilie[1] steht in unverwelkter Zier?
Und da der Lebensbaum, der Brunn mit den vier Flüssen?
Es ist das Paradies. Doch sei es, was es will,
Bei mir gilt diese Stätt unds Paradies gleich viel.

51. Die dornene Kron

Die Dornen, die das Haupt des Herrn zerstechen ganz,
Sind meines Hauptes Kron und ewger Rosenkranz.
Was aus den Wunden fließt, ist meiner Wunden Heil,
Wie wohl wird mir sein Spott und seine Pein zuteil.

52. Die Liebe hats erfunden

Daß Gott gekreuzigt wird, daß man ihn kann verwunden,
Daß er die Schmach verträgt, die man ihm angetan,
Daß er solch Angst aussteht und daß er sterben kann,
Verwundere dich nicht: die Liebe hats erfunden.

1   Maria und Johannes.

53. Um einen Kuß ists Gott zu tun

Was will doch Gottes Sohn, daß er ins Elend kömmt
Und ein solch schweres Kreuz auf seine Schultern nimmt?
Ja, daß er bis in Tod sich ängstet für und für?
Er suchet anders nichts als einen Kuß von dir.

54. Die Welt ist im Frühling gemacht

Im Frühling ward die Welt verneut und wiederbracht,
Drum sagst du recht, daß sie im Frühling ist gemacht.

55. Die geistliche Auferstehung

Die Auferstehung ist im Geiste schon geschehn,
Wenn du dich läßt entwirkt von deinen Sünden sehn.

56. Die geheime Himmelfahrt

Wenn du dich über dich erhebst und läßt Gott walten,
So wird in deinem Geist die Himmelfahrt gehalten.

57. Die geistliche Trunkenheit

Der Geist braust ja wie Most, die Jünger allesamt
Sind gleich den Trunkenen entzündt und angeflammt
Von seiner Hitz und Kraft; so bleibt es doch dabei,
Daß diese ganze Schar voll süßen Weines sei.

58. Der verlorne Groschen

Die Seele, Gottes Bild, ist der verlorne Groschen,
Die Kerze himmlisch Licht, das durch den Fall verloschen.
Die Weisheit ist das Weib, die es aufs neu entzündt,
Wie selig ist der Mensch, den sie nun wieder findt!

59. Das verlorne Schaf

Ich bin das arme Schaf, das sich verirret hat
Und nunmehr von sich selbst nicht kennt den rechten Pfad.
Wer zeigt mir denn den Weg, daß ich nicht ganz erliege?
O daß doch Jesus käm und mich nach Hause trüge!

60. Der verlorne Sohn

Kehr um, verlorner Sohn, zu deinem Vater, Gott,
Der Hunger bringt dich sonst (sein Ungunst) gar in Tod.
Hättst du gleich tausendmal ihm diesen Schimpf getan,
So du nur wieder kömmst, ich weiß, er nimmt dich an.

61. Die verlorene und wiedergefundene Drei

Der Groschen, Sohn unds Schaf bin ich mit Geist, Leib, Seele;
Verlorn in fremdem Land, in einer Wüst und Höhle.
Die heilge Dreifalt kommt und sucht mich alle Stunden,
Den Groschen findt der Geist, der Vater nimmt den Sohn,
Der Hirte Jesu trägt das Schaf mit sich davon:
Schau, wie ich dreifach bin verloren und gefunden.

62. Der Punkt, die Linie und Fläche

Gott Vater ist der Punkt; aus ihm fließt Gott der Sohn,
Die Linie; Gott der Geist ist beider Fläch und Kron.

63. Vom reichen Mann

Man will dem reichen Mann kein Tröpflein Wasser geben,
Weil er das Maß mit Wein schon vollgemacht im Leben.

64. Auch von ihm

Wie daß der reiche Mann den Armen jetzo kennt?
Er sieht wohl, daß sich hat das Blättlein umgewendet.

117

65. Der arme Lazarus

Wie ungleich ist der Tod! die Engel tragen ihn,
Den armen Lazarum, zur ewgen Ruhe hin.
Der Reiche, da er stirbt, wird voller Angst und Pein,
So gut ists, auf der Welt nie reich gewesen sein.

66. Von Maria Magdalena

Was denkt doch Magdalen, daß sie so öffentlich
Dem Herrn zu Fuße fällt und schuldig gibet sich?
Ach frage doch nicht erst, schau wie die Augen funken,
Du siehst wohl, daß sie ist von großer Liebe trunken.

67. Martha und Maria

Die Martha lauft und rennt, daß sie den Herren speise,
Maria sitzet still und hat doch solcher Weise
Das beste Teil erwählt, sie speiset ihn allein;
Die aber findt auch sich von ihm gespeiset sein.

68. Von Maria Magdalena

Maria kommt zum Herrn, voll Leids und voller Schmerzen,
Sie bittet um Genad und tut doch ihren Mund
Mit keinem Wörtlein auf; wie macht sies ihm denn kund?
Mit ihrer Tränen Fall und dem zerknirschten Herzen.

69. Die Sünde

Die Sünd ist anders nichts, als daß ein Mensch von Gott
Sein Angesicht abwendt und kehret sich zum Tod.

70. Der Mensch

Das größte Wunderding ist doch der Mensch allein:
Er kann, nachdem ers macht, Gott oder Teufel sein.

71. Der Himmel allenthalben

In Gott lebt, schwebt und regt sich alle Kreatur;
Ists wahr? was fragst du dann erst nach der Himmelspur?

118

72. Den Bräutgam wünscht die Braut

Verwundere dich nicht, daß ich nach Gott verlange.
Der Braut ist allezeit nach ihrem Bräutgam bange.

73. Hier muß man Bürger werden

Streb nach der Bürgerschaft des Himmels hier auf Erden,
So kann er dir darnach dort nicht versaget werden.

74. Hüt dich vor Sicherheit

Laß dir vom Himmelreich nicht gar so sicher träumen,
Du siehst wohl, daß es auch die Jungfern selbst versäumen.

75. Das tröstlichste Wort

Das Allertröstlichste, das ich an Jesu find,
Ist, wenn er sprechen wird: komm, benedeites Kind.

76. Trauben von Dornen

Wer seinen Neider liebt und Guts von Feinden spricht,
Sag, ob derselbe nicht von Dornen Trauben bricht?

77. Das geistliche Sterben

Stirb, ehe du noch stirbst, damit du nicht darfst sterben,
Wenn du nun sterben sollst, sonst möchtest du verderben.

78. Die Hoffnung hält die Braut

Die Hoffnung hält mich noch, sonst wär ich längst dahin;
Warum? dieweil ich nicht bei meinem Bräutgam bin.

79. Der beste Freund und Feind

Mein bester Freund, mein Leib, der ist mein ärgster Feind;
Er bindt und hält mich auf, wie gut ers immer meint.
Ich haß und lieb ihn auch, und wenn es kommt zum Scheiden,
So reiß ich mich von ihm mit Freuden und mit Leiden.

80. Mit Lieb erlangt man Gnad

Wenn dich der Sünder fragt, wie er soll Gnad erlangen,
So sage, daß er Gott zu lieben an soll fangen.

81. Der Tod

Der Tod bewegt mich nicht, ich komme nur durch ihn,
Wo ich schon nach dem Geist mit dem Gemüte bin.

82. Die Heilige Schrift

Gleich wie die Spinne saugt aus einer Rose Gift,
Also wird auch verkehrt vom Bösen Gottes Schrift.

83. Trompeten

Trompeten hör ich gern; mein Leib soll aus der Erden
Durch ihren Schall erweckt und wieder meine werden.

84. Das Antlitz Gottes

Das Antlitz Gottes sehn, ist alle Seligkeit;
Von dem verstoßen sein, das höchste Herzeleid.

85. Der Arzt hält sich zum Kranken

Warum pflegt doch der Herr mit Sündern umzugehn?
Warum ein treuer Arzt den Kranken beizustehn?

86. St. Paulus

Sankt Paulus wußte nichts als Christum und sein Leiden,
Da er doch war gewest im Paradies der Freuden.
Wie konnt ihm dies so ganz entfallen sein? Er war
In den Gekreuzigten verformet ganz und gar.

87. Die Liebe

Die Liebe dieser Welt will alls für sich allein,
Die Liebe Gottes macht dem Nächsten alls gemein.
Die wird ein jeder Mensch für Liebe wohl erkennen,
Jen' aber soll man Neid und keine Liebe nennen.

120

88. Aus dem Hohen Lied

Der König führt die Braut in Keller selbst hinein,
Daß sie sich mag erwähln den allerbesten Wein.
So machts Gott auch mit dir, wenn du bist seine Braut,
Er hat nichts in sich selbst, das er dir nicht vertraut.

89. Kinder und Jungfrauen

Ich liebe nichts so sehr als Kinder und Jungfrauen.
Warum? Im Himmel wird kein andres sein zu schauen.

90. Die Tugend

Die Tugend, spricht der Weis', ist selbst ihr schönster Lohn.
Meint er nur zeitlich hier, so halt ich nichts davon.

91. Die gottliebende Einsamkeit

Du sprichst, Theophilus sei meistenteils allein,
Macht sich der Adler auch den Vögelchen gemein?

92. Die Tagezeiten

Im Himmel ist der Tag, im Abgrund ist die Nacht,
Hier ist die Dämmerung; wohl dem, ders recht betracht!

93. Von Johannes dem Täufer

Johannes aß fast nichts, er trug ein rauhes Kleid,
Saß in der Wüstenei die ganze Lebenszeit.
Er war so fromm, was fiel er Gott so hart zu Fuße?
Die größten Heiligen, die tun die größte Buße.

94. Die Welt

Zu Gott kommt man durch Gott, zum Teufel durch die Welt.
Ach, daß sich doch ein Mensch zu dieser Hure hält!

95. Das Ende krönt das Werk

Das Ende krönt das Werk, das Leben ziert der Tod.
Wie herrlich stirbt der Mensch, der treu ist seinem Gott.

121

96. Die Figur ist vergänglich

Mensch, die Figur der Welt vergehet mit der Zeit;
Was trotzt du dann so viel auf ihre Herrlichkeit?

97. Auf beiden sein ist gut

Den Himmel wünsch ich mir, lieb aber auch die Erden;
Denn auf derselbigen kann ich Gott näher werden.

98. Von den Lilien

So oft ich Lilien seh, so oft empfind ich Pein
Und muß auch bald zugleich so oft voll Freuden sein.
Die Pein entstehet mir, weil ich die Zier verlorn,
Die ich im Paradies von Anbeginn gehabt.
Die Freude kommt daher, weil Jesus ist geborn,
Der mich nun wiederum mit ihr aufs neu begabt.

99. Von St. Alexio

Wie kann Alexius ein solches Herz sich fassen,
Daß er kann seine Braut den ersten Tag verlassen?
Er ist ihr Bräutgam nicht, er hat sich selbst als Braut
Dem ewgen Bräutigam verlobet und vertraut.

100. Der Büßer löscht das Feuer

Du sprichst, das höllsche Feur wird nie gelöscht gesehn,
Und sieh, der Büßer löschts mit einem Augenträn.

101. Vom Tode

Der Tod ist doch noch gut; könnt ihn ein Höllhund haben,
Er ließ im Augenblick sich lebendig begraben.

102. Auch von ihm

Man wünschet sich den Tod und fliehet ihn doch auch;
Jens ist der Ungeduld und dies der Zagheit Brauch.

103. Das Leben und der Tod

Kein Tod ist herrlicher, als der ein Leben bringt.
Kein Leben edler, als das aus dem Tod entspringt.

122

104. Der Tod der Heiligen

Der Tod der Heiligen ist wert geacht vor Gott;
Sag, wo es dir bewußt, was ist es für ein Tod?

105. Der Tod ist gut und böse

So gut der Tod auch ist dem, der im Herren stirbt,
So ungut ist er dem, der außer ihm verdirbt.

106. Von den Märtyrern

Der Märtrer Lebenslauf ist wenig aufgeschrieben.
Die Tugenden, die man zur Leidenszeit gespürt,
Die lobt und preist man nur und sind statt jenes blieben,
Dieweil ein schöner Tod das ganze Leben ziert.

107. Die nützlichsten Gedanken

Denk an den Tod, mein Christ, was denkst du anders viel?
Man denkt nichts Nützlichers, als wie man sterben will.

108. Der Mensch ist dreimal englisch

Der Thronfürst ruht in Gott, ihn schaut der Cherubin,
Der Seraphin zerschmilzt vor lauter Lieb in ihn.
Ich finde diese drei in einer Seel allein:
So muß ein heilger Mensch ja dreifach englisch sein!

109. Der Weise

Der Weise suchet Ruh und fliehet das Getümmel,
Sein Elend ist die Welt, sein Vaterland der Himmel.

110. Das Wohlfeilste

Wie wohlfeil hält doch Gott sein Reich unds ewge Leben!
Er darfs dem Büßenden für einen Fußfall geben.

111. An den sich selbst Liebenden

Narciß ersäufet sich, da er sich selbst will lieben.
Philautus, lachest du? es ist von dir geschrieben.

112. Von dem Herzen der hl. Clara de Montefalco

Hier ist der Speer und Schwamm, die Nägel, Säul und Kron,
Die Geißeln und auch gar das Kreuz mit Gottes Sohn,
Drei Kugeln eines Halts; es kann nicht anders sein:
Dies Herz ist Gottes Burg und seines Leidens Schrein.

113. List wider List

Mit List hat uns der Feind gefället und bekriegt,
Mit List kann er von uns sein wiederum besiegt.

114. Ein Lamm bezwingt den Drachen

Vertraue Gott, der Drach wird leichtlich überwunden,
Hat ihn doch nur ein Lamm gefället und gebunden.

115. Die Nachreu kommt zu spät

Da Gott auf Erden ging, ward er fast nicht geacht;
Nun er im Himmel ist, beklagt ihn jedermann,
Daß ihm nicht größer Ehr ist worden angetan.
So töricht ist die Welt, daß sies nicht vorbedacht!

116. Eins folgt und weicht dem andern

Eins ist des andern End und auch sein Anbeginn.
Wenn Gott geboren wird, so stirbet Adam hin.

117. Die Welt und das neue Jerusalem

Die Welt scheint kugelrund, dieweil sie soll vergehn.
Geviert ist Gottesstadt, drum wird sie ewig stehn.

118. Der Spiegel

Der Spiegel zeiget dir dein äußres Angesicht.
Ach, daß er dir doch auch das innre zeiget nicht!

119. Das Faß muß reine sein

Wasch aus deins Herzens Faß; wenn Hefen drinnen sein,
So geußt Gott nimmermehr dir seinen Wein darein.

120. Der Himmelspähende

Ein Himmelspähender ist dem Geschöpfe tot.
Wie kommts? Er lebt allein dem Schöpfer, seinem Gott.

121. Im Himmel sind auch Tiere

Man sagt, es kann kein Tier zu Gott, dem Herrn, eingehn.
Wer sind die viere dann, die nah bei ihme stehn?

122. Gott sieht nicht über sich

Gott sieht nicht über sich, drum überheb dich nicht;
Du kämst sonst mit Gefahr aus seinem Angesicht.

123. Von der hl. Martha an den Polypragmon

Der Herr spricht: eins ist not und, was die Martha tut,
Das ist auch an sich selbst gar löblich, fein und gut,
Und dennoch straft er sie. Merks Polypragmon wohl,
Daß man mit vielerlei sich nicht zerrütten soll.

124. Von Gott

Gott ist ein solches Gut, je mehr man ihn empfindt,
Je mehr man ihn begehrt, verlangt und liebgewinnt.

125. Des Gottverliebten Pein

Der gottverliebte Mensch hat sonsten keine Pein,
Als daß er nicht kann bald bei Gott, dem Liebsten, sein.

126. Die unerforschliche Ursache

Gott ist sich selber alls: sein Himmel, seine Lust.
Warum schuf er dann uns? es ist uns nicht bewußt.

127. Die Wohnung Gottes

Gott wohnet in sich selbst, sein Wesen ist sein Haus,
Drum gehet er auch nie aus seiner Gottheit aus.

128. An den Weltliebenden

Die Seele, weil sie ist gemacht zur Ewigkeit,
Hat keine wahre Ruh in Dingen dieser Zeit.
Drum wunder ich mich sehr, daß du die Welt so liebst
Und aufs Zergängliche dich setzest und begibst.

129. Gott redet am wenigsten

Niemand redt weniger als Gott ohn Zeit und Ort;
Er spricht von Ewigkeit nur bloß ein einzigs Wort.

130. Von der Eitelkeit

Wend ab dein Angesicht vom Glast der Eitelkeit,
Je mehr man ihn beschaut, je mehr wird man verleit't.
Jedoch kehrs wieder hin, denn wer ihn nicht betracht,
Der ist schon halb von ihm gefällt und umgebracht.

131. Von der Gerechtigkeit

Gerechtigkeit ist weg! wohin? sie ist im Himmel.
Warum? sie traute sich nicht mehr bei dem Getümmel.
Was könnt ihr denn geschehn? Sie wäre von der Welt
Schon längst an ihren Ehrn geschwächet und gefällt.

132. Verlust und Gewinn

Der Tod ist mein Gewinn, Verlust das lange Leben,
Und dennoch dank ich Gott, daß er mir dies gegeben.
Ich wachs und nehme zu, solang ich hier noch bin:
Darum ist auch gar wohl das Leben mein Gewinn.

133. Der Mensch ist eine Kohle

Mensch, du bist eine Kohl, Gott ist dein Feur und Licht;
Du bist schwarz, finster, kalt, liegst du in ihme nicht.

134. Die Kraft der Zurückkehrung

Wenn du dich, meine Seel, zurück hinein begibst,
So wirst du, was du warst und was du ehrst und liebst.

126

135. Der Bach wird das Meer

Hier fließ ich noch in Gott als eine Bach der Zeit,
Dort bin ich selbst das Meer der ewgen Seligkeit.

136. Der Strahl wird die Sonne

Mein Geist, kommt er in Gott, wird selbst die ewge Wonne,
Gleichwie der Strahl nichts ist als Sonn in seiner Sonne.

137. Das Fünklein im Feuer

Wer kann das Fünkelein in seinem Feur erkennen?
Wer mich, wann ich in Gott, ob ich es sei, benennen?

138. Die Liebe macht beliebter

Mit was macht sich die Braut beim Bräutgam mehr beliebt?
Mit Liebe, wenn sie sich ihm mehr und mehr ergibt.

139. Die glückselige Ertrinkung

Wenn du dein Schiffelein aufs Meer der Gottheit bringst,
Glückselig bist du dann, so du darin ertrinkst.

140. Das edelste Gebet

Das edelste Gebet ist, wenn der Beter sich
In das, vor dem er kniet, verwandelt inniglich.

141. Nichts ist süßer als Liebe

Es ist doch keine Lust und keine Seligkeit,
Die übertreffen kann der Liebe Süßigkeit.

142. Der Furcht und Liebe Würdigkeit

Wer Gott liebt, schmeckt schon hier seins Geistes Süßigkeit,
Wer aber ihn nur fürcht, der ist davon noch weit.

143. Der allerlieblichste Ton

Es kann in Ewigkeit kein Ton so lieblich sein,
Als wenn des Menschen Herz mit Gott stimmt überein.

144. Die heilige Überformung

Die Ruhe deines Geists macht dich zu einem Thron,
Die Lieb zum Seraphin, der Fried zu Gottessohn.

145. Wir sind edeler als die Seraphim

Mensch, ich bin edeler als alle Seraphin,
Ich kann wohl sein, was sie; sie nie, was ich je bin.

146. Was der höchste Adel des Menschen

Mein höchster Adel ist, daß ich noch auf der Erden
Ein König, Kaiser, Gott, und was ich will, kann werden.

147. Die Weite des Menschen ist nicht zu beschreiben

Wer ist, der mir, wie weit und breit ich bin, zeigt an?
Weil der Unendliche (Gott) in mir wandeln kann.[2]

148. Was die Seele erweitert

Was macht des Menschen Herz und seine Seele weit?
Die Liebe Gottes gibt ihm die Beschaffenheit.

2   2 Chor. 6.

149. Was ohne Lieb ist, stinkt

Mensch, kommst du ohne Lieb, so steh nur bald von fern,
Was nicht nach Liebe reucht, das stinkt vor Gott, dem Herrn.

150. Der höchste Gottesdienst

Der höchste Gottesdienst ist Gotte gleiche werden,
Christförmig sein an Lieb, am Leben und Gebärden.

151. Die wahre Weisheit

Die wahre Weisheit, die dir zeigt die Himmelstür,
Steht in Vereinigung und feurger Liebsbegier.

152. Wie die Liebe die Sünden verzehrt

Wie du den Flachs unds Werg im Feuer siehst verschwinden,
So brennen auch hinweg durch Liebe deine Sünden.

153. Das Meer in einem Tröpflein

Sag an, wie geht es zu, wenn in ein Tröpfelein,
In mich, das ganze Meer, Gott, ganz und gar fließt ein?

154. Gott ist allenthalben ganz

O Wesen, dem nichts gleich! Gott ist ganz außer mir
Und inner mir auch ganz, ganz dort und auch ganz hier.

155. Wie Gott im Menschen

Mehr als die Seel im Leib, Verstand in dem Gemüte
Ist Gottes Wesenheit in dir und deiner Hütte.

156. Noch davon

Gott ist noch mehr in mir, als wenn das ganze Meer
In einem kleinen Schwamm ganz und beisammen wär.

157. Gott ist in und um mich

Ich bin der Gottheit Faß, in welchs sie sich ergießt,
Sie ist mein tiefes Meer, das mich in sich beschließt.

158. Das Große ist im Kleinen verborgen

Der Umkreis ist im Punkt, im Samen liegt die Frucht,
Gott in der Welt; wie klug ist, der ihn drinnen sucht.

159. Alles in allem

Wie sah St. Benedikt die Welt in einer Kohlen?
Es ist in allem alls verborgen und verhohlen.

160. Gott ist überall herrlich

Kein Stäublein ist so schlecht, kein Stüpfchen ist so klein,
Der Weise siehet Gott ganz herrlich drinne sein.

161. Alles in einem

In einem Senfkörnlein, so dus verstehen wilt,
Ist aller oberern und untern Dinge Bild.

162. Eins ist im andren

Das Ei ist in der Henn, die Henn ist in dem Ei;
Die Zwei im Eins und auch das Eines in der Zwei.

163. Alles kommt aus dem Verborgenen

Wer hätte das vermeint! aus Finsternis kommts Licht,
Das Leben aus dem Tod, das Etwas aus dem Nicht.

164. Das Konterfei Gottes

Ich weiß Gotts Konterfei; er hat sich abgebildt
In seinen Kreaturn, wo dus erkennen wilt.

165. Gott schafft die Welt noch

Gott schafft die Welt annoch, kommt dir dies fremde für?
So wiss', es ist bei ihm kein Vor noch Nach wie hier.

166. Die Ruh und Wirkung Gottes

Gott hat sich nie bemüht, auch nie geruht, das merk.
Sein Wirken ist sein Ruhn und seine Ruh sein Werk.

167. Des Christen Joch ist leichte

Christ, es kann ja dein Joch dir nie beschwerlich sein;
Denn Gott und seine Lieb, die spannt sich mit dir ein.

168. Das Unbeständigste

Nichts Unbeständigers im Wohlsein und im Schmerz
Ist, denke hin und her, als, Mensch, dein eigen Herz.

169. Die Klugheit wird gelobt

Verwirf nicht, was du hast; ein Kaufmann, der sein Geld
Wohl anzulegen weiß, den lobet alle Welt.

170. Arznei der Krankenliebe

Ein Herz, das krank vor Lieb, wird eher nicht gesund,
Bis es Gott ganz und gar durchstochen und verwundt.

171. Die Liebe ist zerschmelzend

Die Liebe schmilzt das Herz und machts wie Wachs zerfließen,
Erfahr es, wo du willst die süße Wirkung wissen.

172. Der Adel des geruhigen Herzens

Mein Herze, wenns Gott ruht, ists Brautbett seines Sohns,
Wenns dann sein Geist bewegt, die Sänfte Salomons.

173. Der höchste Friede

Der höchste Friede, den die Seele kann genießen,
Ist sich aufs möglichst eins mit Gottes Willen wissen.

174. Der Überfluß der Seligen

Gott schenkt den Seligen so überflüssig ein,
Daß sie mehr in dem Trank, als der in ihnen, sein.

175. Die wunderbarste Heirat

Schaut doch die Heirat an, der Herr der Herrlichkeit
Hat eines Sklaven Magd, des Menschen Seel, gefreit.

176. Die Hochzeit des Lammes

Wenn ich zu Gott eingeh und küß ihn mit Begier,
Dann ist es, daß das Lamm die Hochzeit hält in mir.

177. Verwunderung über die Gemeinschaft Gottes

Es ist erstaunungsvoll, daß ich, Staub, Asch und Kot,
So freundlich und gemein mich machen darf mit Gott.

178. Was ist die Kreatur gegen Gott

Was ist ein Stäubelein in Anschauung der Welt?
Und was bin ich, wenn man, Gott, gegen dir mich hält?

179. Wie Gott so herzlich liebt

Gott liebt so herzlich dich; er würde sich betrüben,
Im Fall es möglich wär, daß du ihn nicht willst lieben.

180. Der Tag und die Morgenröt der Seelen

Der Seelen Morgenröt ist Gott in dieser Zeit,
Ihr Mittag wird er sein im Stand der Herrlichkeit.

181. Vom Seligen

Die selge Seele weiß nichts mehr von Anderheit,
Sie ist ein Licht mit Gott und eine Herrlichkeit.

182. Gleichnis der Freud in Gott

Freund, was der Honig dir ist gegen Kot und Wust,
Das ist die Freud in Gott auch gegens Fleischeslust.

183. Was du willst, ist alles in dir

Mensch, alles was du willst, ist schon zuvor in dir;
Es lieget nur an dem, daß dus nicht wirkst herfür.

184. Das wunderlichste Geheimnis

Mensch, kein Geheimnis kann so wunderbarlich sein,
Als daß die heilge Seel mit Gott ein einges Ein.

185. Wie die Kreatur in Gott

Wie du das Feur im Kies, den Baum im Kern siehst sein,
So bild dir das Geschöpf in Gott, dem Schöpfer, ein.

186. Nichts ist ihm selber

Der Regen fällt nicht ihm, die Sonne scheint nicht ihr,
Du auch bist anderen geschaffen und nicht dir.

187. Man soll den Geber nehmen

Mensch, laß die Gaben Gotts und eil ihm selbsten zu,
Wo du an Gaben bleibst, so kommst du nicht zur Ruh.

188. Wer der freudigste Mensch ist

Kein Mensch ist freudiger, als der zu aller Stund
Von Gott und seiner Lieb entzündt wird und verwundt.

189. Der Sünder ist nie ganz fröhlich

Die Sünder, ob sie gleich in lauter Freude leben,
So muß doch ihre Seel in größten Furchten schweben.

190. Das Kreuz offenbart, was verborgen

In Trost und Süßigkeit kennst du dich selbst nicht, Christ,
Das Kreuze zeigt dir erst, wer du im Innern bist.

191. Wie man alles auf einmal läßt

Freund, wenn du auf einmal die ganze Welt willst lassen,
So schau nur, daß du kannst die eigne Liebe hassen.

192. Der weiseste Mensch

Kein Mensch kann weiser sein, als der das ewge Gut
Vor allem andern liebt und sucht mit ganzem Mut.

193. Das Gerufe der Kreaturen

Mensch, alles schreit dich an und predigt dir von Gott,
Hörst du nicht, daß es ruft: lieb ihn, so bist du tot.

194. Was Gott am liebsten tut

Das liebste Werk, das Gott so inniglich liegt an,
Ist, daß er seinen Sohn in dir gebären kann.

195. Der wesentliche Dank

Der wesentlichste Dank, den Gott liebt wie sein Leben,
Ist, wenn du dich bereitst, daß er sich selbst kann geben.

196. Der Heiligen größte Arbeit

Der Heilgen größtes Werk und Arbeit auf der Erden
Ist Gott gelassen sein und ihm gemeine werden.

197. Was Gott vom Menschen fordert

Gott fordert nichts von dir, als daß du ihm sollst ruhn;
Tust du dies, so wird er das andre selber tun.

133

198. Was die geistliche Ruh ist

Die Ruh, die Gott begehrt, die ist von Sünden rein,
Begier- und willenlos, gelassen, innig sein.

199. Wie das Herze muß beschaffen sein

Christ, wo der ewge Gott dein Herz soll nehmen ein,
So muß kein Bildnis drin als seines Sohnes sein.

200. Wie man die Zeit verkürzt

Mensch, wenn dir auf der Welt zu lang wird Weil und Zeit,
So kehr dich nur zu Gott ins Nun der Ewigkeit.

201. Warum die Seele ewig

Gott ist die ewge Sonn, ich bin ein Strahl von ihme;
Drum ist mirs von Natur, daß ich mich ewig rühme.

202. Der Strahl ohne die Sonne

Der Strahl ist nichts, wenn er sich von der Sonn abbricht;
Du gleichfalls, läßt du Gott, dein wesentliches Licht.

203. Wie man sucht, so findet man

Du findest, wie du suchst; wie du auch klopfest an
Und bittest, so wird dir geschenkt und aufgetan.

204. Wer nicht von Gott geschieden kann werden

Wen Gott zu seinem Sohn geboren hat auf Erden,
Der Mensch kann nimmermehr von Gott geschieden werden.

205. Der Punkt der Seligkeit

Der Punkt der Seligkeit besteht in dem allein,
Daß man muß wesentlich aus Gott geboren sein.

206. In wem der Sohn Gottes geboren ist

Wem alle Ding ein Ding und lauter Friede sind,
In dem ist wahrlich schon geborn das Jungfraunkind.

134

207. Kennzeichen des Sohns Gottes

Wer stets in Gotte bleibt, verliebt, gelassen ist,
Der Mensch wird allermeist für Gottes Sohn erkiest.

208. Nach der Zeit ist kein Wirken

Mensch, wirke, weil du kannst, dein Heil und Seligkeit;
Das Wirken höret auf mit Endung dieser Zeit.

209. Wer zuviel glaubt

Es ist zwar wahr, daß Gott dich selig machen will;
Glaubst du, er wills ohn dich, so glaubest du zu viel.

210. Was die Armut des Geistes ist

Die Armut unsres Geists besteht in Innigkeit,
Da man sich aller Ding und seiner selbst verzeiht.

211. Der Ärmste, der Freieste

Der Armut Eigentum ist Freiheit allermeist,
Drum ist kein Mensch so frei, als der recht arm im Geist.

212. Armut ist das Wesen aller Tugenden

Die Laster sind bestrickt, die Tugenden gehn frei;
Sag, ob die Armut nicht ihr aller Wesen sei?

213. Der alleredelste Mensch

Der Alleredelste, den man ersinnen kann,
Ist ein ganz lauterer und wahrer armer Mann.

214. Der herrliche Tod

Christ, der ist herrlich tot, der allem abgestorben
Und sich dadurch den Geist der Armut hat erworben.

215. Die Zeit begreift nicht die Ewigkeit

Solange dir, mein Freund, im Sinn liegt Ort und Zeit,
So faßt du nicht, was Gott ist und die Ewigkeit.

135

216. Die empfängliche Seel

Die Seel, die Jungfrau ist und nichts als Gott empfängt,
Kann Gottes schwanger sein, so oft sie dran gedenkt.

217. Der aufgespannte Geist

Der Geist, der allezeit in Gott steht aufgericht,
Empfängt ohn Unterlaß in sich das ewge Licht.

218. Kennzeichen der Braut Gottes

Die Braut verliebet sich in Bräutigam allein;
Liebst du, was neben Gott, schau, wie du Braut kannst sein.

219. Das wandelnde Gezelt Gottes

Die Seel, in der Gott wohnt, die ist (o Seligkeit!)
Ein wandelndes Gezelt der ewgen Herrlichkeit.

220. Gott versorgt alle Kreaturen

Gott, der versorget alls und doch ohn alle Müh,
Ein jede Kreatur bedenkt er spät und früh.

221. Auch das kleinste Würmlein

Kein Würmlein ist so tief verborgen in der Erden,
Gott ordnets, daß ihm da kann seine Speise werden.

222. Gott ist die Allvorsichtigkeit leicht

Mensch, glaubst du Gotts, des Herrn, Allgegenwärtigkeit,
So siehest du, wie leicht ihm die Vorsichtigkeit.

223. Gott soll der Seele bekannt sein

Ein Herr in seinem Haus, ein Fürst in seinem Land,
In ihrem Erbteil, Gott, soll sein die Seel bekannt.

224. Wie man zur Einigkeit gelangt

Wenn sich der Mensch entzieht der Mannigfaltigkeit
Und kehrt sich ein zu Gott, kommt er zur Einigkeit.

136

225. Der Lustgarten Gottes

Die ewge Lustbarkeit sehnt sich in mir zu sein.
Warum? ich bin (o hört!) ihr Blum- und Würzgärtlein.

226. Die Majestät des Menschen

Ich bin (o Majestät!) ein Sohn der Ewigkeit,
Ein König von Natur, ein Thron der Herrlichkeit.

227. Wer aus adeligem Geblüte

Der so aus Gott geborn, sein Fleisch hat und Gemüte,
Fürwahr, er ist allein aus adlichem Geblüte.

228. Gott sieht die Ankunft an

Die Ankunft hilft doch viel; weil Christus gnug getan,
So sieht Gott sein Verdienst und Adel in uns an.

229. Wer Gott dient, ist hoch edel

Mir dient die ganze Welt; ich aber dien allein
Der ewgen Majestät: Wie edel muß ich sein!

230. Die höchste Benedeiung

Kein Mensch hat niemals Gott so hoch gebenedeit,
Als der ihm, daß er ihn zum Sohn gebührt, verleiht.

137

Fünftes Buch

1. Alles muß wieder in Eins

Alls kommt aus Einem her und muß in Eines ein,
Wo es nicht will gezweit und in der Vielheit sein.

2. Wie die Zahlen aus dem Eins, so die Geschöpfe aus Gott

Die Zahlen alle gar sind aus dem Eins geflossen
Und die Geschöpf zumal aus Gott, dem Eins, entsprossen.

3. Gott ist in allen wie die Einheit in Zahlen

Gleich wie die Einheit ist in einer jeden Zahl,
So ist auch Gott, der Ein, in Dingen überall.

4. Nichts kann ohne das Eins bestehn

Wie all und jede Zahln ohns Eines nicht bestehn,
So müssen die Geschöpf ohn Gott, das Ein, vergehn.

5. Die Nulle gilt vornen an nichts

Das Nichts, die Kreatur, wenn sichs Gott vorgesetzt,
Gilt nichts; stehts hinter ihm, dann wird es erst geschätzt.

6. Im Eins ist alles eins

Im Eins ist alles eins: kehrt zwei zurück hinein,
So ist es wesentlich mit ihm ein einges Ein.

7. Alle Heiligen sind ein Heiliger

Die Heilgen alle sind ein Heiliger allein,
Weil sie ein Herz, Geist, Sinn in einem Leibe sein.

8. Die geheime Kronenzahl

Zehn ist die Kronenzahl, sie wird aus eins und nichts.
Wenn Gott und Kreatur zusammen komm'n, geschichts.

9. Es muß ein jeder Christus sein

Der wahre Gottes Sohn ist Christus nur allein;
Doch muß ein jeder Christ derselbe Christus sein.

10. Gottes Palast

Gott ist sich selbst sein Thron, der Himmel ist sein Saal,
Der Vorhof 's Paradeis, der Erdkreis ist der Stall.

11. Die Sünd ist allein das Übel

Kein Übel ist als Sünd: und wären keine Sünden,
So wär in Ewigkeit kein Übel auch zu finden.

12. Ein wachendes Auge siehet

Das Licht der Herrlichkeit scheint mitten in der Nacht.
Wer kann es sehn? ein Herz, das Augen hat und wacht.

13. Das irdische Gut ist ein Mist

Das irdsche Gut ist Mist, die Armen sind der Acker,
Wers ausführt und zerstreut, genießts zur Ernte wacker.

14. Der Ausgang geschicht um den Eingang

Kein Ausgang, der geschicht als um des Eingangs willen;
Mein Herz entschüttet sich, daß es Gott an soll füllen.

15. Verdammnis ist im Wesen

Könnt ein Verdammter gleich im höchsten Himmel sein,
So fühlet er doch stets die Höll und ihre Pein.

16. Durch dich entwird Gott nichts

Mensch, wähle was du willst, Verdammnis oder Ruh,
Es gehet Gott durch dich nichts ab und auch nichts zu.

17. Das größte Wunder

Der Wunder hat es viel, kein größers kann ich sehen,
Als daß das Auferstehn des Fleisches wird geschehen.

18. Die geistlichen Jahreszeiten

Der Winter ist die Sünd, die Buße Frühlingszeit,
Der Sommer Gnadenstand, der Herbst Vollkommenheit.

142

19. Auch von demselben

Im Winter ist man tot, im Frühling steht man auf,
Im Sommer und im Herbst verbringt man seinen Lauf.

20. Der steife Felsenstein

Ein tugendhafter Mensch ist wie ein Felsenstein,
Es stürme, wie es will, er fället doch nicht ein.

21. Der Sünd und Tugend Eigenschaft

Die Buße riechet wohl, die Sünden alle stinken,
Die Tugenden gehn recht, die Laster aber hinken.

22. Die Keuschheit bleibt verschlossen

Die Keuschheit ist ein Schloß, das niemand auf kann schließen,
Was sie im Innern ist, das mag kein Fremder wissen.

23. Die Zeit, die ist nicht schnell

Man sagt, die Zeit ist schnell, wer hat sie sehen fliegen?
Sie bleibt ja unverrückt im Weltbegriffe liegen.

24. Gott sieht man nicht mit Augen

Wenn du denkst, Gott zu schaun, bild dir nichts Sinnlichs ein,
Das Schaun wird inner uns, nicht außerhalb uns sein.

25. Was das Beste an der Seligkeit

Was an der Seligkeit mein Herz fürs Best erkiest,
Ist, daß sie wesentlich und nicht von außen ist.

26. Gott wird wie wir

Gott gibt dir, wie du nimmst, du selbst schenkst aus und ein,
Er wird dir wie du willst, wie nach dem Faß der Wein.

27. Die Wegescheide zur Ewigkeit

Die Wegescheid ist hier: Wo lenkst du dich nun hin?
Zur Linken ist Verlust, zur Rechten ist Gewinn.

28. Was Gott den Tag durch tut

Des Morgens geht Gott aus, zu Mittag schläfet er,
Des Nachts ist er erwacht, reist abends ohn Beschwer.

29. Man muß die Tiefe auf der Höhe betrachten

Ein Ungrund ist zwar Gott, doch wem er sich soll zeigen,
Der muß bis auf die Spitz der ewgen Berge steigen.

30. Der Teufel, der ist gut

Der Teufel ist so gut dem Wesen nach als du.
Was gehet ihm denn ab? Gestorbner Will und Ruh.

31. Die Ichheit und Verleugnung

Der Ichheit ist Gott feind, Verleugnung ist er hold,
Er schätzt sie beide so, wie du den Kot unds Gold.

32. Der eigene Wille stürzt alles

Auch Christus, wär in ihm ein kleiner eigner Wille,
Wie selig er auch ist, Mensch, glaube mir, er fiele.

33. Wenn Gott am liebsten bei uns ist

Gott, dessen Wollust ist, bei dir, o Mensch, zu sein,
Kehrt, wenn du nicht daheim, am liebsten bei dir ein.

34. Gott liebt nichts als sich

Gott hat sich selbst so lieb, bleibt sich so zugetan,
Daß er auch nimmermehr was anders lieben kann.

35. Gott kann mehr viel als wenig

Nichts ist, das Gott nicht kann. Hör, Spötter, auf zu lachen,
Er kann zwar keinen Gott, wohl aber Götter machen.

36. Viel Götter und nur einer

Ein einger Gott und viel, wie stimmt das überein?
Gar schöne: weil sie all in Einem Einer sein.

37. Gott schaut auf den Grund

Gott schätzt nicht, was du Guts, nur wie du es getan;
Er schaut die Früchte nicht, nur Kern und Wurzel an.

38. Gott bricht von Disteln Feigen

Gott liest von Dornen Wein, von Disteln bricht er Feigen,
Wenn er dein sündigs Herz zur Buße kommt zu neigen.

39. Die Seligen sind nie satt

Die Selgen dürfen sich, daß sie nie satt sind freun.
Es muß ein süßer Durst und lieber Hunger sein.

40. Christus ist wie ein Fels

Wer sich an Christum stößt, er ist ein Felsenstein,
Zerschellt; wer ihn ergreift, kann ewig sicher sein.

41. Je mehr Erkenntnis, je weniger Verständnis

Je mehr du Gott erkennst, je mehr wirst du bekennen,
Daß du je weniger ihn, was er ist, kannst benennen.

42. Gott muß sich selber lieben

Gott ist das höchste Gut, er muß sich selbst gefallen,
Sich selber auf sich kehrn, sich lieben, ehrn vor allen.

43. Wie Gott so sehr gerecht

Schau Gott ist so gerecht; wär etwas über ihn,
Er ehrt es mehr als sich und kniete vor dem hin.

44. Gott liebt sich nicht als sich

Gott liebt sich nicht als sich, nur als das höchste Gut,
Drum schau, daß er auch selbst, was er befiehlet, tut.

45. Die Laster scheinen nur

Die Laster gehn bekleidt, die Tugend stehet bloß,
Die ist wahrhaftiglich, jen' aber scheinen groß.

145

46. Du bist der erste Sünder

Schweig Sünder, schreie nicht die Ev und Adam an,
Wärn sie nicht vorgefalln, du hättest selbst getan.

47. Das geistliche Feuerzeug

Mein Herz ists Feuerzeug, der Zunder guter Wille,
Schlägt Gott ein Fünklein drein, so brennts und leuchts die Fülle.

48. Eins kanns nicht ohne das andere

Zwei müssen es vollziehn; ich kanns nicht ohne Gott
Und Gott nicht ohne mich, daß ich entgeh dem Tod.

49. Die schönste Weisheit

Mensch, steig nicht allzu hoch, bild dir nichts übrigs ein,
Die schönste Weisheit ist, nicht gar zu weise sein.

50. Gott ist nicht tugendhaft

Gott ist nicht tugendhaft; aus ihm kommt Tugend her,
Wie aus der Sonn die Strahln und Wasser aus dem Meer.

51. Nach Gott ist alles gebildet

Gott ist von Anbeginn der Bildner aller Dinge
Und auch ihr Muster selbst; drum ist ja keins geringe.

52. Du mußt der Himmel sein

In Himmel kommst du nicht, laß nur von dem Getümmel,
Du seist denn selbst zuvor ein lebendiger Himmel.

53. Die ewige Erwählung

Gott wählt dich, wie du bist: Bös ist bei ihm verlorn,
Gut ist von Ewigkeit zum Leben auserkorn.

54. Der Tugenden und Laster Beschaffenheit

Die Tugend liegt in Ruh, die Laster stehn in Streit,
Sie haben Pein in sich, jen aber Seligkeit.

55. Gott straft nicht die Sünder

Gott straft die Sünder nicht; die Sünd ist selbst ihr Hohn,
Ihr Angst, Pein, Marter, Tod, wie Tugend selbst ihr Lohn.

56. Gott tut deine Verdammnis nicht weh

Der Sonne tuts nicht weh, wenn du von ihr dich kehrst,
Also auch Gotte nicht, wenn du in Abgrund fährst.

57. Wenn du willst, wirst du selig

Gott läßt dich jede Zeit gar gern in Himmel ein;
Es stehet nur bei dir, ob du willst selig sein.

58. Wie du bist, so wirst du gewirket

Die Sonn erweicht das Wachs und machet hart den Kot,
So wirkt auch Gott nach dir das Leben und den Tod.

59. Herrengunst währt immer

Daß Herrngunst ewiglich und nicht nur kurz bestehe,
Beweis ich mit der Gunst des Herren in der Höhe.

60. Der Weg zum Himmel

Wenn du, mein Pilger, willst in Himmel dich erhöhen,
So mußt du nahezu grad übern Kreuzweg gehen.

61. Alles ist vollkommen

Mensch, nichts ist unvollkomm'n; der Kies gleicht dem Rubin,
Der Frosch ist ja so schön als Engel Seraphin.

62. Des Menschen größter Schatz

Der größte Schatz nach Gott ist guter Will auf Erden;
Ist alles gleich verlorn, durch ihn kanns wieder werden.

63. Bei Gott sind keine Jahre

Für Gott sind tausend Jahr wie ein vergangner Tag;
Darum ist gar kein Jahr bei ihm, wers fassen mag.

147

64. Wir dienen uns, nicht Gott

Mensch, Gott ist nichts gedient mit Fasten, Beten, Wachen.
Du dienst mehr dir damit, weils dich kann heilig machen.

65. Gott kann sich nicht verbergen

Gott kann sich nimmermehr verbergen, wie du sprichst,
Es sei denn, daß du auch für ihn ein Loch erdichtst.

66. Gott ist in uns selbst

Gott ist so nah bei dir mit seiner Gnad und Güte,
Er schwebt dir wesentlich im Herzen und Gemüte.

67. Wie weit der Weg in Himmel

Christ, schätze dir die Reis' in Himmel nicht so weit,
Der ganze Weg hinein ist keines Schrittes breit.

68. Der Weise begehrt nicht in den Himmel

Der Weise, wenn er stirbt, begehrt in Himmel nicht,
Er ist zuvor darin, eh ihm das Herze bricht.

69. Des Bösen und Guten Unterscheid

Ein Irrlicht ist der Bös', ein guter Mensch ein Stern,
Er brennet von sich selbst, der leuchtet von dem Herrn.

70. Man bedarf nicht viel zur Seligkeit

Christ, du bedarfst nicht viel zur ewgen Seligkeit,
Es hilft ein einzigs Kraut, das heißt Gelassenheit.

71. Die Buße ist leicht zu tun

Die Buß ist bald getan, daß dich Gott los muß sagen,
Du darfst nur an die Brust wie jener Sünder schlagen.

72. Gott ist allem gleich nahe

Gott ist dem Beelzebub nah wie dem Seraphin,
Nur daß Beelzebub den Rücken dreht auf ihn.

148

73. Gott kann sich nicht entziehn

Gott kann sich nicht entziehn, er wirket für und für,
Fühlst du nicht seine Kraft, so gib die Schuld nur dir.

74. In der Hölle ist keine Ewigkeit

Betracht es eigentlich, bei Gott ist Ewigkeit,
Beim Teufel in der Höll, da ist ein ewge Zeit.

75. Nichts besteht ohne Genuß

Nichts dauret ohn Genuß, Gott muß sich selbst genießen,
Sein Wesen würde sonst wie Gras verdorren müssen.

76. Wie die Gesellschaft, so der Gesellte

Zu wem du dich gesellst, des Wesen saufst du ein,
Bei Gotte wirst du Gott, beim Teufel Teufel sein.

77. An den Sünder

Du schreiest auf den Dieb und schiltst ihn unverhohlen.
Schweig, du hast Gott viel mehr als er der Welt gestohlen.

78. Warum wenige zur Tür des Lebens eingehn

Daß nach der Himmelstür so wenig Menschen greifen!
Es will sich keiner dran den alten Balg abstreifen.

79. Am Kreuz am sichersten

Man liegt am seligsten in Leiden, Kreuz und Pein,
Wo aber sind, die gern auf diesem Bette sein?

80. Die Armut ist am reichsten

Die Armut ist ein Schatz, dem keine Schätze gleichen.
Der ärmste Mensch im Geist hat mehr als alle Reichen.

81. Im Reinen erscheinet Gott

Mensch, denkst du Gott zu schaun, dort oder hier auf Erden,
So muß dein Herz zuvor ein reiner Spiegel werden.

82. Am Kreuz ist die Liebe am liebsten

Sag, wo die Liebe wird am liebesten gefunden?
Am Kreuz, wenn sie um des Geliebten willn gebunden.

83. Freud und Leid beisammen

Ein Christ erfreuet sich in Leiden, Kreuz und Pein;
So kann ja Freud und Leid gar wohl beisammen sein.

84. Eins Wissen hat den Preis

Viel Wissen blähet auf; dem geb ich Lob und Preis,
Der den Gekreuzigten in seiner Seele weiß.

149

85. Wer nichts weiß, ist geruhig

Hätt Adam nie vom Baum der Wissenschaften gessen,
Er wär im Paradeis in ewger Ruh gesessen.

86. Der Schöpfer im Geschöpfe

Die Schöpfung ist ein Buch; wers weislich lesen kann,
Dem wird darin gar fein der Schöpfer kund getan.

87. Eins ist das beste Buch

Viel Bücher, viel Beschwer; wer eines recht gelesen,
(Ich meine Jesum Christ) ist ewiglich genesen.

88. Du mußt dich übersetzen

Der Leib muß sich in Geist, der Geist in Gott erheben,
Wo du in ihm, mein Mensch, willst ewig selig leben.

89. Du mußt es hier erwerben

Hier muß es sein getan; ich bilde mir nicht ein,
Daß, der kein Reich erwirbt, dort wird ein König sein,

90. Nichts Zeitliches ist in Gott

Ein Augenblick ist kurz, noch kann ich kühnlich sagen,
Daß Gott so lange nicht gewest vor Zeit und Tagen.

150

91. In welchem Jahr die Welt erschaffen

Da Gott die Welt erschuf, was schrieb man für ein Jahr,
Kein anders nicht, als das seins Urstands erstes war.

92. Gott sieht nichts zuvor

Gott siehet nichts zuvor,[1] drum leugst du, wenn du ihn
Mit der Vorsehung mißt nach deinem blöden Sinn.

93. Gott kann nicht zürnen

Gott zürnet nie mit uns, wir dichtens ihm nur an;
Unmöglich ist es ihm, daß er je zürnen kann.

94. Gott ist nicht beweglich

Wer saget, daß sich Gott vom Sünder abgewendt,
Der gibet klar an Tag, daß er Gott noch nicht kennt.

95. Was Gott den Seligen und Verdammten ist

Gott ist den Seligen ein ewger Freudengast
Und den Verdammeten ein ewge Überlast.

96. Das Höllische brennt nur

Die Hölle schadt mir nichts, wär ich gleich stets in ihr;
Daß dich ihr Feuer brennt, das lieget nur an dir.

97. Der Weise klagt nur Sünde

Der Weise, wenn er soll von Pein und Unglück sagen,
Wird dir sonst über nichts als über Sünde klagen.

---

1   In Cott ist kein vor oder darnach sehen: sondern Er siehet von Ewigkeit
     alles gegenwertig für jhm, wie es geschiehet, nicht wie es geschehen
     wirdt oder geschehen ist.

98. Gott kann dem Willen nicht steuern

Nichts Stärkers ist als Gott; doch kann er nicht verwehren,
Daß ich nicht, was ich will, soll wollen und begehren.

99. Was Gott gern isset

Gott ißt die Herzen gern. Willst du ihn stattlich speisen,
So richt ihm deines zu, er wird es ewig preisen.

151

100. Wie Gott das Herz will zubereitet haben

Wie kocht man Gott das Herz? Es muß gestoßen sein,
Gepreßt und stark vergoldt, sonst geht es ihm nicht ein.

101. Gott will ein ganzes Herze

Christ, mit dem halben Teil wirst du Gott nicht begaben,
Er will das Herze ganz und nicht die Hälfte haben.

102. Warum niemand von Engeln besessen wird

Wie, daß kein heilges Herz von Engeln wird besessen?
Sie tuns nicht, weil es Gott für sich hat abgemessen.

103. Gott ist nicht das erstemal am Kreuze gestorben

Gott ist nicht 's erstemal am Kreuz getötet worden,
Denn schau, er ließ sich ja in Abel schon ermorden.

104. Christus ist gewesen, eh er war

Daß Christus lang zuvor, eh daß er war, gewesen,
Ist klar: weil man ihn aß und trank, daß man genesen.

105. Den Himmel kann man stehlen

Wer heimlich Gutes wirkt, sein Geld austeilt verhohlen,
Der hat das Himmelreich gar meisterlich gestohlen.

106. Das Leben muß dir selbst eingeschrieben sein

Mensch, wird dein Herze nicht das Buch des Lebens sein,
So wirst du nimmermehr zu Gott gelassen ein.

107. Christus gestern, heut und morgen

Messias, der ist heut, ist gestern und ist morgen
Und bis in Ewigkeit entdecket und verborgen.

108. Der Glaube allein ist ein hohles Faß

Der Glaub ohne Lieb allein (wie ich mich wohl besinne),
Ist wie ein hohles Faß, es klingt und hat nichts drinne.

109. Wer Gott hat, hat alles mit ihm

Bei Gott ist alls und jeds! Wer neben ihm trägt ein,
Der muß ein rechter Narr und dummer Geizhals sein.

110. Dem Schöpfer laufen alle Geschöpfe nach

Wenn du den Schöpfer hast, so lauft dir alles nach,
Mensch, Engel, Sonn und Mond, Luft, Feuer, Erd und Bach.

111. Außer Gott leben ist tot sein

Mensch, glaube dies gewiß, wo du nicht lebst in Gott,
Lebst du gleich tausend Jahr, du bist solange tot.

112. Nicht alles Gute ist gut

Nicht alles Gut ist gut; Mensch, überred dich nicht,
Was nicht im Lieböl brennt, das ist ein falsches Licht.

113. Gewinn ist Verlust

Der Reiche dieser Welt, was hat er für Gewinn?
Daß er muß mit Verlust von seinem Reichtum ziehn.

114. Nach Ehre streben ist töricht

Wie töricht sind wir doch, daß wir nach Ehre streben!
Gott will sie ja nur dem, der sie verschmähet, geben.

115. Erfahrung ist besser als Wissenschaft

Iß doch, was redst du viel von Kraft der Wurzel Jesse?
Mir schmecket nichts so gut, als was ich selber esse.

116. Du mußt der Erste im Himmel sein

Christ, laufe was du kannst, willst du in Himmel ein!
Es heißt nicht stille stehn, du mußt der Erste sein.

117. Der Demütige wird nicht gerichtet

Wer stets in Demut lebt, wird nie von Gott gericht;
Warum? er richtet auch niemand und sündigt nicht.

153

118. Gott ist nicht mehr barmherzig als gerecht

Gott, der wird nicht vor Gott vom weisen Mann erkiest,
Wo er barmherziger mehr als gerechter ist.

119. Die Wirkung des hl. Sakraments

Das Brot, der Herr in uns, wirkt wie der Weisen Stein.
Es machet uns zu Gold, wo wir geschmolzen sein.

120. Der Mensch ist zwei Menschen

Zwei Menschen sind in mir: der eine will, was Gott,
Der andre, was die Welt, der Teufel und der Tod.

121. Nichts ist herrlicher als die Seele

Sollt auch was Herrlichers als meine Seele sein,
Warum? weil Jehova sich selbst verwandelt drein?

122. Es sind nicht Heilige

Es können, wie du sprichst, nicht viel der Heilgen sein.
Warum? denn Jesus ist der Heilge ja allein.

123. Gleichnis der hl. Dreieinigkeit

Gott Vater ist der Brunn; der Quell, der ist der Sohn;
Der heilige Geist, der ist der Strom, so fließt davon.

124. Von Gott wird mehr gelogen als wahr geredet

Was du von Gott verjahst, dasselb ist mehr erlogen
Als wahr, weil du ihn nur nach dem Geschöpf erwogen.

125. Zeit ist edler als Ewigkeit

Die Zeit ist edeler als tausend Ewigkeiten;
Ich kann mich hier dem Herrn, dort aber nicht bereiten.

126. Der Ichheit Tod stärkt in dir Gott

So viel mein Ich in mir verschmachtet und abnimmt,
So viel des Herren Ich dafür zu Kräften kömmt.

154

127. Die Seel ist über Zeit

Die Seel, ein ewger Geist, ist über alle Zeit,
Sie lebt auch in der Welt schon in der Ewigkeit.

128. Der Seele wird es nie Nacht

Mich wundert, daß du darfst den Tag so sehr verlangen!
Die Sonn ist meiner Seel noch niemals untergangen.

129. Das Innere bedarf nicht des Äußeren

Wer seine Sinnen hat ins Innere gebracht,
Der hört, was man nicht redt, und siehet in der Nacht.

130. Der geistliche Magnet und Stahl

Gott, der ist ein Magnet, mein Herz, das ist der Stahl,
Es kehrt sich stets nach ihm, wenn ers berührt einmal.

131. Der Mensch ist etwas Großes

Der Mensch muß doch was sein; Gott nimmt sein Wesen an,
Um aller Engel willn hätt er solchs nicht getan.

132. Der Gelassene leidet keinen Schaden

Wer nichts mit Eigentum besitzet in der Welt,
Der leidet nicht Verlust, wenn ihm gleichs Haus einfällt.

133. Der Weise grämt sich nie

Der Weise wird sich nie in Pein und Unglück grämen;
Er bitt Gott nicht einmal, daß ers von ihm soll nehmen.

134. Ein König und ein Knecht ist Gott gerecht

Mensch, allererst bist du vor Gott geschickt und recht,
Wenn du zugleiche bist ein König und ein Knecht.

135. Vorbereitung macht weniger Empfindlichkeit

Wie, daß den Weisen nie betrübet Weh und Leid?
Er hat sich lang zuvor auf solchen Gast bereit.

136. Dem Weisen gilt alles gleich

Alls gilt dem Weisen gleich; er sitzt in Ruh und Stille,
Geht es nach seinem nicht, so gehts nach Gottes Wille.

137. Gott höret auch die Stummen

Mensch, wo du Gott um Gnad nicht kannst mit Worten ehren,
So steh nur stumm vor ihm, er wird dich schon erhören.

138. Wen Gott nicht ewig verdammen kann

Den Sünder, welcher sich nicht ewig wendt von Gott,
Kann Gott auch nicht verdamm'n zur ewgen Pein und Tod.

139. Das Alleradeligste

Bin ich nicht adelig! die Engel dienen mir;
Der Schöpfer buhlt um mich und wart vor meiner Tür.

140. Der Weise fehlt nie des Ziels

Der Weise fehlet nie, er trifft allzeit das Ziel;
Er hat ein Augenmaß, das heißet: wie Gott will.

141. Der Welt Tun ist ein Trauerspiel

Freund, gönn es doch der Welt, ihr gehts zwar wie sie will,
Doch ist ihr ganzes Tun nichts als ein Trauerspiel.

142. Im Himmel mag man tun, was man will

Mensch, zähme doch ein kleins auf Erden deinen Willen,
Im Himmel wirst du ihn, wie du wirst wolln, erfüllen.

143. Der Unempfindliche ist mehr als englisch

Wer in dem Fleische lebt und fühlt nicht dessen Pein,
Der muß schon auf der Welt weit mehr als englisch sein.

144. Die Ichheit schadet mehr als tausend Teufel

Mensch, hüte dich vor dir. Wirst du mit dir beladen,
Du wirst dir selber mehr als tausend Teufel schaden.

156

145. Christus verursacht nur Haß und Streit

Meinst du, daß Christus dir bringt Lieb und Einigkeit?
Nein, wahrlich, wo er ist, entstehet Haß und Streit.

146. Die Welt ist von Ewigkeit

Weil Gott, der Ewige, die Welt schuf außer Zeit,
So ists ja sonnenklar, daß sie von Ewigkeit.

147. In Gott ist alles gleich

In Gott ist alles eins. Der Mindst im Himmelreich
Ist Christo, unsrem Herrn, und seiner Mutter gleich.

148. In der Ewigkeit geschieht alles zugleich

Dort in der Ewigkeit geschiehet alls zugleich,
Es ist kein Vor noch Nach wie hier im Zeitenreich.

149. Alle Menschen müssen ein Mensch werden

Der Vielheit ist Gott Feind; drum zieht er uns so ein,
Daß alle Menschen solln in Christo Einer sein.

150. Im Himmel ist alles gemein

Im Himmel lebt man wohl; niemand hat was allein,
Was einer hat, das ist den Selgen alln gemein.

151. Ein jeder genießt des andren Seligkeit

Marien Seligkeit und ihres Sohns, des Süßen,
Werd ich so völliglich als beide selbst genießen.

152. Was ein Heilger hat, das ist der andren auch

Was hier die Heiligen mit großer Müh erlangt,
Wird in der Seligkeit mir alls umsonst geschankt.

153. Ein jeder im Himmel freuet sich ob dem andren

Der größte Heilige wird sich so hoch erfreun
Ob mir, als sehr ob ihm ich werde fröhlich sein.

157

154. Wer Friede sucht, muß viel übersehn

Mensch, wenn du so genau das deine willst beschützen,
So wirst du nimmermehr im wahren Frieden sitzen.

155. Christus ist der erste und letzte Mensch

Der erst und letzte Mensch ist Christus selbst allein,
Weil all aus ihm entstehn, in ihm beschlossen sein.

156. Wer viel begehrt, dem mangelt viel

Wer gnugsam reich, hat alls. Wer viel begehrt und will,
Der gibet zu verstehn, daß ihm noch mangelt viel.

157. Der Reiche ist wahrhaftig arm

Der Reiche, wenn er viel von seiner Armut spricht,
So glaub es ihm nur gern, er leugt wahrhaftig nicht.

158. Die Abgestorbenheit ist eine Wittib

Die Abgestorbenheit muß eine Wittib sein,
Denn sie hat keinen Mann und gehet stets allein.

159. Das Leiden Christi ist noch nicht gar vollbracht

Das Leiden Christi ist am Kreuz nicht gar vollbracht,
Er leidet heute noch bei Tag und auch bei Nacht.

160. Der Mensch muß das Leiden Christi erfüllen

Mensch, du sollst Paulus sein und in dir selbst erfüllen,
Was Christus nicht getan, wo sich der Zorn soll stillen.

161. Niemand liegt an der Brust Christi als Johannes

Kind, bilde dir nicht ein, eh du Johannes bist,
Daß du liegst an der Brust des Herren Jesu Christ.

162. Das Lob des Sünders

Das Lob, das Gott dem Herrn ein Ungerechter gibt,
Wird weniger von ihm als Hundsgebell geliebt.

163. Gott hilft dem größten Sünder am liebsten

Die Sünder liegen krank, ihr Arzt ist Jesus Christ,
Am liebsten hilft er dir, wo du der größte bist.

164. Gott nimmt nur die Lämmer an

Gott will, daß alle solln zu seinem Sohne kommen,
Und dennoch werden nur die Lämmer angenommen.

165. Wer Gott siehet

Gott ist ein ewger Blitz; wer kann ihn sehn und leben?
Wer sich in seinen Sohn, sein Ebenbild, begeben.

166. Wer böse bleibt, hat nichts an Christo

Mensch, bleibest du verbost, so ist dir nichts erworben;
Gott ist nur für das Schaf, nicht für den Bock gestorben.

167. Die Sünde bringt was Gutes

Die Sünd bringt doch was Guts; sie muß den Frommen dienen,
Daß sie viel edeler vor Gott, dem Herren, grünen.

168. Der Sünder tut nichts gut

Mensch, speise, wen du willst, zeuch tausend Arme an;
Wo du ein Sünder bist, du hast nicht wohl getan.

169. Wie man vor die Majestät geht

Wer vor der Majestät will unerschrocken stehn,
Der muß gewaschen sein und tief gebücket gehn.

170. Gott sind alle Werke gleich

Gott sind die Werke gleich; der Heilge, wenn er trinkt,
Gefället ihm so wohl, als wenn er bet und singt.

171. Die Tugenden hängen alle aneinander

Die Tugenden sind so verknüpfet und verbunden,
Wer ein' alleine hat, der hat sie alle funden.

159

172. Alle Tugenden sind eine Tugend

Schau, alle Tugenden sind Ein ohn Unterscheid.
Willst du den Namen hörn? sie heißt Gerechtigkeit.

173. Gott hat keine Gedanken

Mensch, Gott gedenket nichts. Ja, wärn in ihm Gedanken,
So könnt er hin und her, welchs ihm nicht zusteht, wanken.

174. Was der Heilige tut, tut Gott in ihm

Gott tut im Heilgen selbst alls, was der Heilge tut;
Gott geht, steht, liegt, schläft, wacht, ißt, trinkt, hat guten Mut.

175. Das Gewissen ist ein Wegweiser

Mensch, wenn du irre gehst, so frage dein Gewissen,
Du wirst ohn alln Verzug die Straß erkennen müssen.

176. Christus ist ein lebendiges Buch gewest

Das lebendige Buch des Lebens uns zu lesen,
Ist Christus auf der Welt mit Red und Tat gewesen.

177. Wer das Buch des Lebens lieset

Mensch, wer dem Herren folgt in seinem Tun und Lassen,
Der liest des Lebens Buch und kann die Meinung fassen.

178. Christus war, was er redete

Was Christus auf der Welt geredt hat und getan,
Das ist er selbst gewest, wie ers auch zeiget an.

179. Gott macht nichts Neues

Gott macht kein neues Ding, obs uns zwar neue scheint,
Vor ihm ist ewiglich, was man erst werden meint.

180. Gott kommt nur in keusche Herzen

Den Bräutgam deiner Seel verlanget einzuziehen,
Blüh auf! er kommet nicht, bis daß die Lilien blühen.

181. Das Allergeizigste

Wie geizig ist ein Herz! wenn tausend Welten wären,
Es würde sie gesamt und mehr dazu begehren.

160

182. Das Herz muß aus dem Herzen

Schütt aus dein Herz vor Gott; er zeucht nicht bei dir ein,
Wenn er dein Herze nicht sieht außerm Herzen sein.

183. Des Christen Natur

Um Böses Gutes tun, um Schmach sich nicht entrüsten,
Für Undank Dank erteiln ist die Natur des Christen.

184. Ein Heiliger sieht sich im andern

Ein jeder Heiliger wird sich in allen sehn;
Wenn nicht all einer wärn, so könnt es nicht geschehn.

185. Der Weise, weil er nichts hat, verliert nichts

Der weise Mann ist nie um einen Heller kommen,
Er hat nie nichts gehabt, man hat ihm nichts genommen.

186. Die Eigenheit ist alles Übels Ursache

Mitteilen schaffet Ruh; bloß aus der Eigenheit
Entstehet alles Weh, Verfolgung, Krieg und Streit.

187. Der größte Trost nach Gott

Der größte Trost nach Gott dünkt mich im Himmel sein,
Daß man einander gleich ins Herze sieht hinein.

188. Es sind viel Seligkeiten

Es sind viel Wohnungen und auch viel Seligkeiten;
Ach, tätest du dich doch zu einer recht bereiten!

189. Gott ist ewig in seine Schönheit verliebt

Gott ist so überschön, daß ihn auch selber ganz
Von Ewigkeit verzückt seins Angesichtes Glanz.

190. Die Seligkeit in der Zeit

Dem Heilgen geht nichts ab, er hat schon in der Zeit
An Gottes Wohlgefalln die ganze Seligkeit.

191. Der Seligen und Verdammten Eigenschaft

Der Selgen Eigenschaft ist: ganz nach Gotte leben,
Und der Verdammten Art, ihm gänzlich widerstreben.

192. Gott macht mit Hilfe der Kreatur das Beste

Den ersten Adam, den hat Gott allein gemacht,
Den anderen hat er mit mir zuwege bracht.

193. Gott liebt einen wie alle

Gott liebet mich so sehr als alles, was auf Erden;
Wär er nicht Mensch geborn, er würde mirs noch werden.

194. Aller Heiligen Werke sind nur ein Werk

Was alle Heilgen tun, das kann ein Mensch allein.
Ja, schau, sie tun sonst nichts als Gott gelassen sein.

195. Gott wird im Müßigsein gefunden

Viel eher wird dir Gott, wenn du ganz müßig sitzt,
Als wenn du nach ihm laufst, daß Leib und Seele schwitzt.

196. Gott hat alle Namen und keinen

Man kann den höchsten Gott mit allen Namen nennen,
Man kann ihm wiederum nicht einen zuerkennen.

197. Gott ist nichts und alles

Gott, der ist nichts und alls ohn alle Deutelei,
Denn nenn was, das er ist, auch was, das er nicht sei.

198. Christus ist unser Muster

Mensch, wenn du dich willst Gott zum Tempel auferbauen,
Mußt du das rechte Maß an Christo dir abschauen.

162

199. Der Liebe Gegenwurf

Der Liebe Gegenwurf ists höchste Gut allein,
Liebt sie was außer dem, so muß sie närrisch sein.

200. Was man liebt, in das verwandelt man sich (Aus S. Augustino)

Mensch, was du liebst, in das wirst du verwandelt werden.
Gott wirst du, liebst du Gott, und Erde, liebst du Erden.

201. Die wohlgeordnete Liebe

Liebst du Gott über dich, den Nächsten wie dein Leben,
Was sonst ist unter dir, so liebst du recht und eben.

202. Die Vereinigung mit Gott macht alles edler

Christ, alles was du tust, muß dir zu Golde werden,
Wo dus vereinigest mit Christi Tun auf Erden.

203. Der Weltmensch ist verblendet

Mensch, tu die Augen auf, der Himmel steht ja offen.
Du hast dich mit der Welt, wo dus nicht siehst, besoffen.

204. Gott ist gütiger, als wir vermeinen

Gott ist so gut auf uns, daß ichs nicht sagen kann,
Begehrn wir ihn gleich nicht, er biet sich selber an.

205. Auf Gottes Seite ist kein Mangel

Gott wirkt ohn Unterlaß, er göße tausend Freuden
In dich auf einmal ein, wo du ihn könntest leiden.

206. Gott kann sich keinem Demütigen entziehn

Gott könnte sich auch gar den Teufeln nicht entziehn,
Wo sie nur umgekehrt vor ihm hin wollten knien.

207. Das größte Werk

Das allergrößte Werk, das du für Gott kannst tun,
Ist ohn ein einzigs Werk Gott leiden und Gott ruhn.

208. Die neue Kreatur

Mensch, allererst bist du die neue Kreatur,
Wenn Christi Frömmigkeit ist deines Geists Natur.

209. Das allerhöchste Leben

Freund, wo dus wissen willst, das allerhöchste Leben
Ist abgeschieden sein und Gott stehn übergeben.

163

210. Die neue und alte Liebe

Die Liebe, wenn sie neu, braust wie ein junger Wein;
Je mehr sie alt und klar, je stiller wird sie sein.

211. Die seraphische Liebe

Die Liebe, welche man seraphisch pflegt zu nennen,
Kann man kaum äußerlich, weil sie so still ist, kennen.

212. Der Liebe Mittelpunkt und Umkreis

Der Liebe Mittelpunkt ist Gott und auch ihr Kreis,
In ihm ruht sie, liebt alls in ihme gleicherweis.

213. Der Thron Gottes ist im Frieden

In wem die Majestät soll ruhen wie in Thronen,
Muß zu Jerusalem auf Sions Berge wohnen.

214. Gott ist in allem alles

In Christo ist Gott Gott, in Engeln englisch Bild,
Im Menschen Mensch und alls in allen, was du wilt.

215. Gott tut alles in allem

Gott tut in allen alls; er liebt in Seraphinen,
In Thronen herrschet er, beschaut in Cherubinen.

216. Gott ist ein Brunn

Gott gleicht sich einem Brunn; er fließt ganz mildiglich
Heraus in sein Geschöpf und bleibet doch in sich.

164

217. In Gott schaut man alles auf einmal

Freund, wenn man Gott beschaut, schaut man auf einmal an,
Was man sonst ewig nicht ohn ihn durchschauen kann.

218. Gott kann nichts Böses wollen

Gott kann nichts Böses wolln; wollt er des Sünders Tod
Und unser Ungelück, er wäre gar nicht Gott.

219. Der Mensch soll nicht ein Mensch bleiben

Mensch, bleib doch nicht ein Mensch, man muß aufs Höchste
Bei Gotte werden nur die Götter angenommen. [kommen.

220. Wie Gott gefunden wird

Wer Gott recht finden will, muß sich zuvor verliern
Und bis in Ewigkeit nicht wieder sehn noch spürn.

221. Der Tote höret nicht

Ein abgestorbner Mensch, ob man ihm übel spricht,
Bleibt unbewegt, warum? die Toten hören nicht.

222. Vor den Freuden muß man leiden

Mensch, wo du dich mit Gott im Himmel denkst zu freun,
Mußt du vor auf der Welt seins Tods Gefährte sein.

223. Wenn der Mensch so gerecht wie Christus

Wenn du vollkommen eins mit Gott, dem Herren, bist,
So bist du so gerecht als unser Jesus Christ.

224. Dem Toten ist alles tot

Wenn du gestorben bist, so scheinet dir von Not,
Mein Mensch, die ganze Welt und alls Geschöpfe tot.

225. Die ungekreuzigten Kreuze

Viel sind der Welt ein Kreuz, die Welt ist aber ihnen
Nicht dieses wiederum; weil sie sie noch bedienen.

226. Die Natur der Heiligkeit

Der Heiligkeit Natur ist lauter Lieb, o Christ;
Je lauterer du liebst, je heiliger du bist.

227. Die Gleichheit

Der Heilge nimmt es gleich, läßt ihn Gott liegen krank,
Er saget ihm so gern als für Gesundheit Dank.

228. Der Mensch steckt in einem Tier

Kreuch doch heraus, mein Mensch, du steckst in einem Tier!
Wo du darinnen bleibst, kommst du bei Gott nicht für.

229. Anmaßung ist der Fall

Mensch, ist was Guts in dir, so maße dichs nicht an,
Sobald du dirs schreibst zu, so ist der Fall getan.

230. Das Böse ist deine

Das Gute kommt aus Gott, drum ists auch sein allein;
Das Bös' entsteht aus dir, das laß du deine sein.

231. Wahre Liebe ist beständig

Laß doch nicht ab von Gott, ob du sollst elend sein.
Wer ihn von Herzen liebt, der liebt ihn auch in Pein.

232. Das schönste Ding

Kein Ding ist hier noch dort, das schöner ist als ich,
Weil Gott, die Schönheit selbst, sich hat verliebt in mich.

233. Wenn der Mensch Gott ist

Eh als ich Ich noch war, da war ich Gott in Gott,
Drum kann ichs wieder sein, wenn ich nur mir bin tot.

234. Alles kehrt wieder in seinen Ursprung

Der Leib von Erden her wird wiederum zu Erden.
Sag, weil die Seel von Gott, ob sie nicht Gott wird werden?

166

235. Die Ewigkeit ist uns angeboren

Die Ewigkeit ist uns so innig und gemein,
Wir wolln gleich oder nicht, wir müssen ewig sein.

236. Eines hält das andere

Mein Geist, der trägt den Leib, der Leib, der trägt ihn wieder;
Läßt eins vom andern ab, so falln sie beide nieder.

237. Das Kreuz bringt Freud und Leid

Das Kreuze bringet Pein, das Kreuze bringet Freud,
Pein einen Augenblick und Freud in Ewigkeit.

238. Das Mein und Dein verdammt

Nichts anders stürzet dich in Höllenschlund hinein
Als das verhaßte Wort (merks wohl!) das Mein und Dein.

239. Gott hat kein Muster als sich selbst

Fragst du, warum mich Gott nach seinem Bildnis machte?
Ich sag, es war niemand, der ihm ein andres brachte.

240. Wenn der Mensch gänzlich wiederbracht ist

Wann ist der Mensch zu Gott vollkommlich wiederbracht?
Wenn er das Muster ist, darnach ihn Gott gemacht.

241. Der Liebe ist alles untertan

Die Lieb beherrschet alls; auch die Dreieinigkeit
Ist selbst ihr untertan gewest von Ewigkeit.

242. Die Liebe ists höchste Gut

Es ist vom höchsten Gut viel Redens und Geschrei,
Ich schwöre, daß dies Gut allein die Liebe sei.

243. Die Natur Gottes

Die Lieb ist Gotts Natur, er kann nicht anders tun;
Drum, wo du Gott willst sein, lieb auch in jedem Nun.

244. Die Liebe macht auch Gott selig

Die Lieb beseligt alls, auch Gott, den Herrn, dazu;
Hätt er die Liebe nicht, er säße nicht in Ruh.

245. Gott hat keinen eignern Namen als Liebe

Kein Nam ist, welcher Gott recht eigen wär; allein
Die Liebe heißt man ihn, so wert ist sie und fein.

246. Gott will, was er ist

Gott ist die Liebe selbst und tut auch nichts als lieben;
Drum will er auch, daß wir die Liebe stets solln üben.

247. Gott kann nichts hassen

Mensch, rede recht von Gott: er haßt nicht sein Geschöpfe;
(Unmöglich ist es ihm), auch nicht die Teufelsköpfe.

248. Dreierlei Schlaf

Der Schlaf ist dreierlei: der Sünder schläft im Tod,
Der Müd in der Natur und der Verliebt in Gott.

249. Die dreierlei Geburt

Maria, die gebiert den Sohn Gotts äußerlich,
Ich inner mir im Geist, Gott-Vater ewiglich.

250. Die geistliche und ewige Geburt sind eins

Die geistliche Geburt, die sich in mir eräugt,
Ist eins mit der, durch die den Sohn Gott-Vater zeugt.

251. Die Geburt Gottes währt immer

Gott zeuget seinen Sohn; und weil es außer Zeit,
So währet die Geburt auch bis in Ewigkeit.

252. Der Sohn Gottes wird in dir geboren

Mensch, schickst du dich dazu, so zeugt Gott seinen Sohn
All Augenblick in dir gleichwie in seinem Thron.

168

253. Jedes ist in seinem Ursprung am besten

Das Wasser in dem Brunn, die Ros auf ihrem Stamm,
Am besten ist die Seel in Gott, im Feur die Flamm.

254. Die Seel ohn Gott

Ein hirtenloses Schaf, ein Körper, welcher tot,
Ein Brunnen ohne Quell: dies ist die Seel ohn Gott.

255. Auf Wehtun folgt Wohltun

Der Krieg gewinnt dir Fried, mit Streit erlangst du Freud,
Verdammnis deiner selbst bringt dir die Seligkeit.

256. Zurücke sehen ist wieder verloren werden

Wenn du aus Sodom gehst und dem Gericht entfliehest,
So steht dein Heil darauf, daß du nicht rückwärts siehest.

257. Das allersüßeste Leben

Der Himmel auf der Welt, das allersüßste Leben
Ist, der Beschaulichkeit aus Liebe sein ergeben.

258. Gott und die Seligkeit ist ein Ding

Die Seligkeit ist Gott und Gott die Seligkeit,
Wär eins das andre nicht, ich lebte stets in Leid.

259. Gott wird Ich, weil ich vor Er war

Gott wird, was ich jetzt bin, nimmt meine Menschheit an;
Weil ich vor Er gewest, drum hat er es getan.

260. Wie Gott Herr, Vater und Bräutigam

Den Knechten ist Gott Herr, dir Vater, wo du Kind;
Mir ist er Bräutigam, wenn er mich Jungfrau findt.

261. Gott ist in allen Dingen und doch keinem gemein

Das Wesen Gottes macht sich keinem Ding gemein
Und muß notwendig doch auch in den Teufeln sein.

262. Die Tiefe der Demut

Die Demut senket sich in solchen Abgrund ein,
Daß sie sich schnöder schätzt, als alle Teufel sein.

263. Die Hölle muß man schmecken

Christ, einmal muß man doch im Schlund der Hölle sein,
Gehst du nicht lebendig, so muß du tot hinein.

264. Wenn Jesus ins Herze gebildet wird

Mensch, wenn dein Herz vor Gott wie Wachs ist weich und rein,
So drückt der heilge Geist das Bildnis Jesu drein.

265. Wer von der Liebe Gottes gebunden

Die Seel, die nichts als Gott gedenkt zu allen Stunden,
Die ist von seiner Lieb bestricket und gebunden.

266. Das rechte Leben der Seele

Dann lebt die Seele recht, wenn Gott, ihr Geist und Leben,
Sie ganz erfüllet hat und sie ihm Raum gegeben.

267. Wie die Schule, so die Lehre

In Schulen dieser Welt wird Gott uns nur beschrieben,
Ins heilgen Geistes Schul lernt man ihn schaun und lieben.

268. Man soll ohne Verdruß wirken

Die Sonne scheint und wirkt ohn alln Verdruß und Pein,
So soll auch deiner Seel, im Fall ihr recht ist, sein.

269. Wer Gott vorbei, schaut Gott

Braut, suchest du zu schaun des Bräutgams Angesicht,
Geh Gott und alls vorbei, so fehlet dir es nicht.

270. Alles Heil von Gott

Aus Liebe wird Gott Ich, ich aus Genaden Er,
So kommt ja all mein Heil nur bloß von ihme her.

170

271. Wenn du nicht Mensch bist, ist es Gott

Wenn du nicht Mensch mehr bist und dich verleugnet hast,
So ist Gott selber Mensch und träget deine Last.

272. Das Antlitz Gottes ist seligmachend

Das Antlitz Gottes zieht an sich wie Eisenstein,
Nur einen Blick es schaun, macht ewig selig sein.

273. Wo Christus nicht wirkt, da ist er nicht

Freund, wo nicht Christus wirkt, da ist er auch noch nicht,
Obgleich der Mensch von ihm viel singet oder spricht.

274. Der Selige auf der Welt

Wer sich in Kreuz und Pein von Herzensgrund erfreut,
Der ist noch hier ein Kind der ewgen Seligkeit.

275. Leiden ist nützlicher als Freude

Mensch, wüßtest du, wie gut und nützlich 's Leiden ist,
Du hättests dir vorlängst vor aller Lust erkiest.

276. Der Heilige tut nicht nach den Geboten

Der Heilge, was er tut, tut nichts nach dem Gebot,
Er tut es lauterlich aus Liebe gegen Gott.

277. Der Gerechte hat kein Gesetz

Für Bös' ist das Gesetz; wär kein Gebot geschrieben,
Die Frommen würden doch Gott und den Nächsten lieben.

278. Der geistliche Krebsgang

Mensch, senke dich herab, so steigest du hinauf;
Laß ab von deinem Gehn, so fängt sich an dein Lauf.

279. Was im Orte der Welt vor der Welt gewest

Eh Gott die Welt erschuf, was war in diesem Ort?
Es war der Ort selb selbst, Gott und sein ewges Wort.

280. Gott kann sich selbst nicht messen

Gott ist so hoch und groß, wollt er sich selber messen,
Er würd, ob er gleich Gott, des Maßstabs Zahl vergessen.

281. Das Wunderlichste, Beste und Schönste an Gott

Das Wunderlichst an Gott ist die Vorsichtigkeit,
Langmütigkeit das Best unds Schönste Grechtigkeit.

282. Gott ist wie die Sonne

Gott ist der Sonne gleich; wer sich zu ihme kehrt,
Der wird erleucht und stracks seins Angesichts gewährt.

283. Warum Gott Ruh und Freude hat

Weil Gott dreieinig ist, so hat er Ruh und Lust,
Ruh kommt von Einheit her, Lust von der Dreiheit Brust.

284. Gott kommt, eh du ihn begehrest

Wenn dich nach Gott verlangt und wünschst sein Kind zu sein,
Ist er schon vor in dir und gibt dir solches ein.

285. Die geistliche Turteltaube

Ich bin die Turteltaub, die Welt ist meine Wüste,
Gott, mein Gemahl, ist weg, drum sitz ich ohn Geniste.

286. Die Einfalt muß witzig sein

Die Einfalt schätz ich hoch, der Gott hat Witz beschert;
Die aber den nicht hat, ist nicht des Namens wert.

287. Der Einfalt Eigenschaft

Der Einfalt Eigenschaft ist: nichts von Schalkheit wissen,
Aufs Gute bloß allein in Demut sein beflissen.

288. Der weltlichen und göttlichen Liebe Natur

Die Weltlieb hat die Art, daß sie sich abwärts neigt,
Der göttlichen Natur ist, daß sie aufwärts steigt.

289. Die Tugend ohne Liebe gilt nichts

Die Tugend nackt und bloß kann nicht vor Gott bestehn,
Sie muß mit Liebe sein geschmückt, dann ist sie schön.

290. Die Liebe ist Feuer und Wasser

Die Lieb ist Flut und Glut; kann sie dein Herz empfinden,
So löscht sie Gottes Zorn und brennt hinweg die Sünden.

291. Die Würdigkeit kommt von Liebe

Ach, lauf doch nicht nach Witz und Weisheit über Meer;
Der Seelen Würdigkeit kommt bloß von Liebe her.

292. Die Schönheit kommt von Liebe

Die Schönheit kommt von Liebe; auch Gottes Angesicht
Hat seine Lieblichkeit von ihr, sonst glänzt es nicht.

293. Der Liebe Belohnung

Die Liebe hat Gott selbst zum wesentlichen Lohn,
Er bleibet ewiglich ihr Ruhm und Ehren-Kron.

294. Weisheit ohne Liebe ist nichts

Mensch, wo du weise bist und liebst nicht Gott dabei,
So sag ich, daß ein Narr dir vorzuziehen sei.

295. Je liebender, je seliger

Das Maß der Seligkeit mißt ihr die Liebe ein;
Je völler du von Lieb, je selger wirst du sein.

296. Die Liebe Gottes in uns ist der heilge Geist

Die Liebe, welche sich zu Gott in dir beweist,
Ist Gottes ewge Kraft, sein Feur und heilger Geist.

297. Man kann Gott nicht lieben ohne Gott

Mensch, liebete sich Gott nicht selbst durch sich in dir,
Du könntest nimmermehr ihn lieben nach Gebühr.

173

298. Die Liebe hat keine Furcht

Die Liebe fürcht sich nicht, sie kann auch nicht verderben,
Es müßte Gott zuvor samt seiner Gottheit sterben,

299. Wie die Person, so das Verdienst

Die Braut verdient sich mehr mit einem Kuß um Gott,
Als alle Mietlinge mit Arbeit bis in Tod.

300. Wer Gott recht liebet

Mensch, niemand liebt Gott recht, als der sich selbst veracht,
Schau, ob du es auch so mit deiner Lieb gemacht.

301. Was das Freundlichste nach Gott

Das Freundlichste nach Gott ist die verliebte Seele;
Drum hat er seine Lust zu sein in ihrer Höhle.

302. Das Schnellste

Die Lieb ists schnellste Ding, sie kann für sich allein
In einem Augenblick im höchsten Himmel sein.

303. Kennzeichen der falschen Liebe

Willst du die falsche Lieb von wahrer unterscheiden,
So schau, sie sucht sich selbst und fället ab in Leiden.

304. Das Kreuz probiert die Liebe

Im Feuer wird das Gold, obs reine sei, probiert
Und deine Lieb im Kreuz, wie lauter sie, gespürt.

305. Die Liebe Gottes ist wesentlich

Die Liebe gegen Gott steht nicht in Süßigkeit;
Süß ist ein Zufall nur, sie steht in Wesenheit.

306. Ein unverwundetes Herz ist ungesund

Ein Herze, welches nicht von Gottes Lieb ist wund,
Ist, ob es zwar nicht scheint, ganz krank und ungesund.

174

307. Die Liebe ist Gott gemeiner als Weisheit

Die Liebe geht zu Gott unangesagt hinein,
Verstand und hoher Witz muß lang im Vorhof sein.

308. Wie Gott so allgemein

Wie allgemein ist Gott! Er hat der Bauernmagd
Die Kunst, wie man ihn küßt, sowohl als dir gesagt.

309. Das Erfreulichste der Seelen

Dies ists Erfreulichste, wie meiner Seel fällt ein,
Daß sie wird immer Braut mit ewger Hochzeit sein.

310. Was der Kuß Gottes ist

Der Kuß des Bräutgams Gotts ist die Empfindlichkeit
Seins gnädgen Angesichts und seiner Süßigkeit.

311. Die Seele kann nichts ohne Gott

So schön die Laute sich aus eignen Kräften schlägt,
So schön klingt auch die Seel, die nicht der Herr bewegt.

312. Der guldene Begriff

Der guldene Begriff, durch den man alles kann,
Ist Liebe; liebe nur, so hast dus kurz getan.

313. Das edelste Gemüte

Kein edleres Gemüt ist auf der ganzen Welt,
Als welchs, mit Gott vereint, für einen Wurm sich hält.

314. Barmherzigkeit schließt den Himmel auf

Kind mache dich gemein mit der Barmherzigkeit,
Sie ist die Pförtnerin im Schloß der Seligkeit.

315. Verkleinerung erhebt

Verkleinere dich selbst, so wirst du groß, mein Christ;
Je schnöder du dich schätzt, je würdiger du bist.

316. Der evangelische Hirte

Der Hirt ist Gottes Sohn, die Gottheit ist die Wüste,
Ich bin das Schaf, das er vor andren sucht und küßte.

317. Die Früchte der Tugenden

Die Demut, die erhebt, die Armut machet reich,
Die Keuschheit engelisch, die Liebe Gotte gleich.

318. Wie man in Himmel sieht

Man darf kein Ferngesicht, in' Himmel einzusehen;
Kehr dich nur von der Welt und schau, so wirds geschehen.

319. Die größte Seligkeit

Die größte Seligkeit, die ich mir kann ersinnen,
Ist, daß man Gott, wie süß er ist, wird schmecken können.

320. Der nächste Weg zu Gott

Der nächste Weg zu Gott ist durch der Liebe Tür;
Der Weg der Wissenschaft bringt dich gar langsam für.

321. Worin die Ruhe des Gemüts bestehe

Die Ruhe des Gemüts besteht in dem allein,
Daß es vollkömmlich ist mit Gott ein einges Ein.

322. Die Seligkeit ist in dem höchsten Gut

Kein Mensch kann selig sein als in dem höchsten Gut.
Wie, daß mans dann verläßt unds kleine suchen tut?

323. Warum Gott ewigen Lohn gibt

Gott muß die Heiligen mit ewgem Lohn belohnen,
Weil sie ihm, wo er wollt, auch ewig würden fronen.

324. Die krönende Tugend

Die Tugend, die dich krönt mit ewger Seligkeit,
(Ach halte sie doch fest!) ist die Beharrlichkeit.

176

325. Wenn die Himmelfahrt vorhanden

Wenn Gott in dir geborn, gestorben und erstanden,
So freue dich, daß bald die Himmelfahrt vorhanden.

326. Unterschiedliche Gelegenheit der Seele

Des Sünders Seele liegt, des Büßers richt sich auf
Und des Gerechten steht geschickt zum Tugendlauf.

327. Warum Gott des Regiments nicht müde wird

Gotts und seins Geistesreich ist Liebe, Freude, Friede;
Drum wird er des Regierns in Ewigkeit nicht müde.

328. Gott betrübt die Sünde nicht

Gott tut die Sünde weh in dir als seinem Sohn,
In seiner Gottheit selbst, da fühlt er nichts davon.

329. Die ganze Dreifaltigkeit hilft zur Seligkeit

Die Allmacht zeucht mich auf, die Weisheit weist mich an,
Die Güte hilfet mir, daß ich in Himmel kann.

330. Wenn man Gott reden hört

Wenn du an Gott gedenkst, so hörst du ihn in dir,
Schweigst du und wärest still, er redte für und für.

331. Was Gott nicht tut, gefällt ihm nicht

Gott muß der Anfang sein, das Mittel und das Ende,
Wo ihm gefallen solln die Werke deiner Hände.

332. Wo der Mensch hinkommt, wenn er in Gott vergeht

Wenn ich in Gott vergeh, so komm ich wieder hin,
Wo ich von Ewigkeit vor mir gewesen bin.

333. Des Teufels Schlachtvieh

Die Seele, welche sich die Sünde läßt ermorden,
Die ist (o großer Spott!) des Teufels Schlachtvieh worden.

334. Gott schätzt die Werke nach dem Wesen

Mensch, des Gerechten Schlaf ist mehr bei Gott geacht,
Als was der Sünder bet und singt die ganze Nacht.

335. Unterscheid der drei Lichter

Das Licht der Herrlichkeit laß ich die Sonne sein,
Die Gnade gleicht den Strahln, Natur dem Widerschein.

336. Mit einem Auge muß man zielen

Die Seele, welche Gott, das Herze, treffen will,
Seh nur mit einem Aug, dem rechten, auf das Ziel.

337. Das Geschöpf ist des Schöpfers Trost

Ich, sein Geschöpfe, bin des Sohnes Gottes Kron,
Die Ruhe seines Geists und seiner Leiden Lohn.

338. Die Ewigkeit ist je länger, je undurchschaulicher

Das Meer der Ewigkeit, je mehrs der Geist beschifft,
Je undurchschifflicher und weiter ers betrifft.

339. Die Gottheit gründet kein Geschöpf

Wie tief die Gottheit sei, kann kein Geschöpf ergründen,
In ihren Abgrund muß auch Christi Seel verschwinden.

340. Auch Gott muß sich verdienen

Daß ich den höchsten Gott zum Bräutgam angenommen,
Hat er um mich verdient, daß er ist zu mir kommen.

341. Wo die Zeit am längsten

Je weiter man von Gott, je tiefer in der Zeit;
Drum ist den Höllischen ein Tag ein Ewigkeit.

342. Wo man die göttliche Höflichkeit lernt

Kind, wer in Gottes Hof gedenket zu bestehn,
Der muß zum heilgen Geist hier in die Schule gehn.

178

343. Das geistliche Orgelwerk

Gott ist ein Organist, wir sind das Orgelwerk,
Sein Geist bläst jedem ein und gibt zum Ton die Stärk.

344. Die Armut ist im Geist

Die Armut steht im Geist, ich kann ein Kaiser werden
Und doch so arm sein als ein Heiliger auf Erden.

345. Wer in Wunden Christi wohnt

Der Geist, der voller Freud in Leiden wird gefunden
Und Ruhe hat in Pein, der wohnt in Christi Wunden.

346. Den Kindern gebührt Milch

Den Männern gibet Gott zu trinken starken Wein;
Dieweil du noch ein Kind, flößt er dir Süßes ein.

347. Wer eine Tiefe mit Gott

Der Geist, der nunmehr ist mit Gott ein einges Ein,
Muß eben solcher Höh und solcher Tiefe sein.

348. Wie Gott zu messen

Unmeßlich ist zwar Gott; jedoch kannst du ihn messen,
Wo du mein Herze mißt, denn's ist von ihm besessen.

349. Du mußt der Gnade Luft machen

Räum weg und mache Luft, das Fünklein liegt in dir,
Du flammest es leicht auf mit heilger Liebsbegier.

350. Du mußt dich selbst ermuntern

Mein Christ! du mußt dich selbst durch Gott vom Schlaf erwecken;
Ermunterst du dich nicht, du bleibst im Traume stecken.

351. Im Innern sind alle Sinnen ein Sinn

Die Sinnen sind im Geist all ein Sinn und Gebrauch;
Wer Gott beschaut, der schmeckt, fühlt, riecht und hört ihn auch. 179

352. Was das Süßeste und Seligste

Nichts Süßers ist als Gott, ein Menschenkind, zu sehn,
Nichts Selgers, als in sich fühln die Geburt geschehn.

353. Das Antlitz Gottes macht trunken

Das Antlitz Gotts macht voll. Sähst du einmal sein Licht,
Du würdest trunken sein von diesem Angesicht.

354. Ungekreuzigt kommt niemand in Himmel

Christ, flieh doch nicht das Kreuz, du mußt gekreuzigt sein,
Du kommst sonst nimmermehr ins Himmelreich hinein.

355. Woher die Ungleichheit der Heiligen

Gott wirkt nach der Natur; dies macht den Unterscheid,
Daß dieser Heilige sich kränkt, der andre freut.

356. Das Vollkommne vertreibt das Unvollkommne

Wenn das Vollkommne kommt, fällts Unvollkommne hin;
Das Menschliche vergeht, wenn ich vergöttet bin.

357. Wenn sich Gott ins Herz ergießt

Mensch, wenn dein Herz ein Tal, muß Gott sich drein ergießen,
Und zwar so mildiglich, daß es muß überfließen.

358. Gott wird, was er will

Gott ist ein ewger Geist, der alls wird, was er will,
Und bleibt doch, wie er ist, unformlich und ohn Ziel.

359. Gleichnis der hl. Dreifaltigkeit mit der Sonne

Gott Vater ist der Leib und Gott, der Sohn, das Licht;
Die Strahln der heilge Geist, der beiden ist verpflicht.

360. Wenn man sich den Tod des Herrn zueignet

Freund, wenn ich selber mir absterbe hier und nu,
Dann eign' ich mir den Tod des Herren erst recht zu.

361. Die Gnade Gottes fließt allzeit aus

Die Gnade fließt von Gott wie Wärme von dem Feur,
Nahst du dich nur zu ihm, sie kommt dir bald zu Steur.

362. Die höchste Seligkeit

Die höchste Seligkeit, die mir Gott selbst kann geben,
Ist, daß er mich wie sich wird machen und erheben.

363. Des Weisen Verrichtung

Ein Narr ist viel bemüht; des Weisen ganzes Tun,
Das zehnmal edeler, ist Lieben, Schauen, Ruhn.

364. Wer in dem Wirken ruht

Der Weise, welcher sich hat über sich gebracht,
Der ruhet, wenn er lauft, und wirkt, wenn er betracht.

365. Der Larvenmensch

Ein Mensch, der wie das Vieh in alle Lust ausbricht,
Ist nur ein Larvenmensch: er scheint und ists doch nicht.

366. Das Lautenspiel Gottes

Ein Herze, das zu Grund Gott still ist, wie er will,
Wird gern von ihm berührt: es ist sein Lautenspiel.

367. Wer auf alle Fälle geschickt ist

Wer Gott so leicht entbehrn als leicht empfangen kann,
Der ist auf allen Fall ein rechter Heldenmann.

368. Bei welchem Gott gerne ist

Mensch, wenn du Gottes Geist bist wie dir deine Hand,
Macht die Dreifaltigkeit sich gern mit dir bekannt.

369. Die Seele außer ihrem Ursprunge

Ein Fünklein außerm Feur, ein Tröpflein außerm Meer,
Was bist du doch, o Mensch, ohn deine Wiederkehr!

370. In Gott ist alles

Was deine Seel begehrt, bekommt sie alls in Gott;
Nimmt sie es außer ihm, so wird es ihr zum Tod.

371. Wen Gott nicht los kann bitten

Mensch, stirbst du ohne Gott, es kann nicht anders sein,
Bät auch Gott selbst für dich, du mußt in Pfuhl hinein.

372. Die Braut soll wie der Bräutgam sein

Ich muß verwundet sein. Warum? weil voller Wunden
Mein ewger Bräutigam, der Heiland, wird gefunden.
Was Nutzen bringt es dir? Es stehet gar nicht fein,
Wenn Braut und Bräutigam einander ungleich sein.

373. Das allerseligste Herze

Ein reines Herz schaut Gott, ein heilges schmecket ihn,
In ein verliebetes will er zu wohnen ziehn.
Wie selig ist der Mensch, der sich befleißt und übt,
Daß ihm sein Herze wird rein, heilig und verliebt!

374. Man überkömmt mit Meiden

Freund, meide, was dir lieb, fleuch, was dein Sinn begehrt,
Du wirst sonst nimmermehr gesättigt und gewehrt.
Viel wären zum Genuß der ewgen Wollust kommen,
Wenn sie mit zeitlicher sich hier nicht übernommen.

Sechstes Buch

1. Wie Gott in der heiligen Seele

Fragst du, wie Gott, das Wort, in einer Seele wohne?
So wisse: wie das Licht der Sonnen in der Welt,
Und wie ein Bräutgam sich in seiner Kammer hält,
Und wie ein König sitzt in seinem Reich und Throne,
Ein Lehrer in der Schul, ein Vater bei dem Sohne
Und wie ein teurer Schatz in einem Ackerfeld
Und wie ein lieber Gast in einem schönen Zelt,
Und wie ein Kleinod ist in einer guldnen Krone,
Wie eine Lilie in einem Blumental
Und wie ein Saitenspiel bei einem Abendmahl
Und wie ein Zimmetöl, in einer Lamp entzunden,
Und wie das Himmelsbrot in einem reinen Schrein
Und wie ein Gartenbrunn und wie ein kühler Wein:
Sag, ob er anders wo so schöne wird gefunden?

2. An die Jungfrau Maria, die geheime Lilie

Du edle Lilie, wer findet deinesgleichen,
Sollt er auch alles Feld im Paradeis durchstreichen?
Du glänzest wie der Schnee, wenn ihn zu schöner Zeit
Der Himmel mit dem Gold des Phaetons bespreit.
Vor dir muß Sonn und Mond und alle Stern erbleichen,
Dein Ansehn, deine Pracht ist schöner als das Kleid
Des Königs Salomons in seiner Herrlichkeit.
Dir muß der klare Blitz der Seraphine weichen,
Dein edeler Geruch erquickt die ganze Welt
Und was sonst unserm Gott, dem Herrn, zu Fuße fällt.
In dir findt man allein die Schönheit der Jungfrauen,
Der Märtyrer Bestand und aller Heilgen Zier.
Drum, edle Lilie, komm und erquick mich hier,
Daß ich mög ewig dich und deinen Samen schauen.

3. Die gefallene Seele

Ich war ein englisch Bild, nun bin ich gleich den Tieren,
Ich schwebt im Paradeis in lauter Fröhlichkeit,
Nun sitz ich auf der Erd in lauter Angst und Leid.
Es konnte mich kein Grimm der untern Welt berühren,
Nun schmelz ich fast vor Hitz und muß vor Frost erfrieren
Und fühle tausend Weh. Ich war ein Herr der Zeit,
Nun meistert sie mich selbst. Ich war mir selbst mein Kleid,
Nun muß ich mich aus Not mit fremden Federn zieren.
Gott sah mich freundlich an und hieß mich liebes Kind,
Nun schrecket mich sein Zorn und stößt mich weg die Sünd.
Ich bin mit steter Furcht erfüllet und umgeben,
Ich schau mein Ungelück mit eignen Augen an,
Der Teufel und der Tod, die stehn mir nach dem Leben,
Ach, ach, ich arme Seel! Was hab ich doch getan!

4. Der gerechtfertigte Sünder

Ich war des Teufels Sklav und ging in seinen Banden,
Ich war mit Sündenwust verstellt und blutig rot,
In Wollust wälzt ich mich wie eine Sau im Kot,
Ich stank vor Eitelkeit, die häufig war vorhanden,
Ich war dem Abgrund nah und fing schon an zu stranden,
Ich lebte wie ein Vieh und fragte nicht nach Gott,
Ich war ein Schattenmensch und noch lebendig tot.
Nun bin ich wiederum in Christo auferstanden
Und lebendig gemacht; die Ketten sind entzwei,
Der Teufel ist verjagt und ich bin los und frei.
Ich suche Gott allein mit eifrigem Gemüte
Und gebe mich ihm auf. Was er mir immer tut
In Zeit und Ewigkeit, das sprech ich alles gut.
Ach! daß er mich doch nur vor mehrerm Fall behüte!

5. Der Ausspruch über die Verdammten

Geht, ihr Verfluchten, geht, ihr Teufels Rottgesellen,
Ihr Raben, die ihr mich nie habt getränkt, gespeist,
Bekleidt, besucht, getröst noch eingen Dienst geleist,
Geht in das ewge Feur und in den Schlund der Höllen.
Empfahet euren Lohn in ihren grimmen Wellen,
Blitz, Donner, Pestilenz und alls, was böse heißt,
Geht und bleibt ewiglich von meinem Reich verweist.
Ihr werdt nun heuln und schrein und wie die Hunde bellen,
In Durst und Hunger stehn. Eur Wurm, der stirbet nicht,
Das Feuer löscht nicht aus, das euch ist zugericht.
Ihr müsset ewiglich in Peinen sein gerochen,
Wie ihr verdienet habt; denn was ihr habt getan
Den Gliedern meines Leibs, nehm ich mich selber an.
Geht, ihr Verfluchten, geht, das Urteil ist gesprochen.

186

6. Überschrift der Verdammnis

Hier ist ein ewge Nacht, man weiß von keinem Lachen,
Ein Jammer, Ach und Weh: ach, ewig sein verlorn!
Wird immerfort geschrien und: wärn wir nie geborn!
Beineben hört man nichts als Donnern, Hageln, Krachen,
Man sieht den Basilisk mit Kröten, Schlangen, Drachen
Und tausend Ungeheur. Man ist vor Kält erfrorn
Und schmelzt vor großer Glut, man schilt sich Narrn und Torn
Und kommt doch nimmermehr aus diesem Teufelsrachen.
Man stirbt und stirbt doch nie, man liegt im ewgen Tod,
Man wütet, tobt und zürnt, man flucht und lästert Gott.
Man beißt und hadert sich, man lebt wie Hund und Katzen,
Man muß sich ewiglich mit allen Teufeln kratzen.
Man frisset Hüttenrauch, Pech, Schwefel, Teufelsmist:
Ach Sünder! tu doch Buß, eh du darinnen bist.

7. Der verdammte Übeltäter

Ach weh, wo bin ich nun? bei lauter höllschen Mohren,
Bei teuflischem Gesind, in Leviathans Schlund,
In einem feurgen Pfuhl, der ohne Maß und Grund.
Ach weh! verfluchter Tag, in dem ich bin geboren!
Ich war zur Seligkeit ersehen und erkoren,
Der Himmel stund mir frei; ich wußte kurz und rund,
Was Gottes Wille war, und hielt doch nicht den Bund.
Nun muß ich ewig sein verstoßen und verloren!
O du verfluchter Leib, zu was hast du mich bracht!
O du verfluchte Seel, was hast du mir gemacht!
Ach tausend Ach und Weh! Was hilft mich nun mein Prangen,
Mein Geiz und böse Lust! Ach hätt ich Guts getan!
Nun ist die Reu zu spät, Gott nimmt sie nicht mehr an,
Ich bleib in Ewigkeit mit höllscher Qual umfangen.

187

8. Der Spruch über die Seligen

Kommt, ihr Gesegneten, empfahet eure Kronen,
Die ihr erworben habt durch meinen Lauf und Tod,
Kommt und besitzt das Reich der Herrlichkeit mit Gott,
Ich will euch ewiglich für eure Guttat lohnen.
Ihr habet mich getröst und bei euch lassen wohnen,
Ihr habet mich gespeist, getränkt, besucht in Not,
Bekleidet und bedeckt nach meinem Liebsgebot,
Nun sollt ihr auch mit mir besitzen eure Thronen
Und ewig triumphiern. Ihr sollet euch nun freun
Für eure Treu und Müh und immer bei mir sein.
Denn was ihr habt getan dem Kleinsten auf der Erden,
Dasselb ist mir geschehn und soll in Ewigkeit
Mit allem, was ihr nur euch wünscht, vergolten werden:
Kommt und genießt mich selbst und alle Seligkeit!

9. Überschrift der Seligkeit

Hier ist es immer Tag, hier scheint die ewge Sonne,
Hier weiß man nichts von Weh, von Kummer, Angst und Leid.
Man lebt in ganzer Lust und ganzer Seligkeit.
Man sieht und höret nichts als lauter Freud und Wonne,
Man trinkt sich satt und voll beim süßen Jesusbronne,
Man sitzt in stolzer Ruh, man denkt an keine Zeit,
Man leget niemals ab das Kleid der Herrlichkeit.
Hier rauschet wie ein Strom, was vor nur tropfweis ronne,
Hier schaut man Gottes Glanz und süßes Angesicht,
Hier wird man überformt mit seiner Gottheit Licht.
Hier senkt man sich in ihn und gibt ihm tausend Küsse,
Man liebt und wird geliebt, man schmeckt ihn, wie er ist,
Man singt sein Lob und alls, wozu man ist erkiest;
Ach Jesu! hilf mir doch, damit auch ichs genieße.

10. Der abgeleibte Selige

O Gott, wie wohl ist mir! mein Leiden ist verschwunden,
Die Schmerzen sind dahin, die Trübsal hat ein End
Und alles Herzeleid ist von mir abgewendt.
Ich bin nun kerkerlos und seliglich entbunden,
Ich habe freudenreich gesiegt und überwunden.
Kein Feind berührt mich mehr und was man böse nennt,
Es wird mit keinem Weh mein Fröhlichsein getrennt,
Ich habe wahre Ruh und wahre Lust gefunden.
Der Himmel lacht mich an, die Engel nehmen mich
Samt allen Heiligen mit Freuden unter sich.
Ich bin so voller Trosts, daß ich fast überfließe,
Ich habe, was ich will, und will, was ich genieße.
Ich habe nun genug; man führt mich, wie ich bin,
Zu meinem Bräutigam und süßen Jesu hin.

188

11. Der selige Weise

Wie selig ist der Mensch, der alle seine Zeit
Mit anders nichts verbringt als mit der Ewigkeit!
Der, jung und alt, allein betrachtet und beschaut
Der Weisheit Schloß, das Gott, sein Vater, hat gebaut.
Der sich auf seinen Stab, das ewge Wort, aufstützt
Und nicht wie mancher Tor im fremden Sande sitzt;
Der nicht nach Haus und Hof, nach Gold und Silber sieht,
Noch seines Lebens Zeit zu zählen sich bemüht.
Ihn wird das blinde Glück nicht hin und her vexiern,
Noch etwa eitler Durst zu fremden Wassern führn.
Er weiß von keinem Zwang, er liebt nicht Krämerei,
Er trachtet nicht darnach, daß er gesehen sei.
Er ist der Welt ein Kind, die allernächste Stadt
Ist ihm so viel bekannt, als die der Tagus hat.
Er schaut nur über sich, so frei er immer kann,
Sein rechtes Vaterland, den lieben Himmel, an.
Sein Alter rechnet er nicht nach der Jahre Zahl,
In Gott vollkommen sein, das heißt er alt zumal.
Die Sonne leuchtet ihm in seinen Acker ein
Und, wenns gleich Abend wird, so bleibt ihm doch ihr Schein.
Er sieht des Lebens Baum im Geist begierlich an
Und geht mit allem Fleiß zu ihm die nächste Bahn.
Er kümmert sich um nichts; was neben ihm geschieht,
Ist ihm so fremd und klar, als was ein Blinder sieht.
Doch ist er stark und frisch, er scheuet keinen Feind,
Wenn gleich Welt, Teufel, Fleisch und mehr beisammen seind.
Ein andrer laufe hin, zerstreu sich mit der Welt,
Dies ist das Leben und die Bahn, so mir gefällt.

12. Der geheime Hirsch und sein Bronn

Der Hirsch, der lauft und sucht ein kühles Brünnelein,
Damit sein Herz erquickt und ruhig möge sein.
Die Seele, die Gott liebt, die eilet zu dem Bronnen,
Aus dem der süße Bach des Lebens kommt geronnen.

189

Der Bronn ist Jesus Christ, der uns mit seinem Quall
Im wahren Glauben tränkt und stärkt vor Sündenfall.
Bleibst du bei diesem Quall und trinkst oft aus dem Bronnen,
So hast du, meine Seel, ganz seliglich gewonnen.

13. Die sündige Seele

Ein ausgebrannte Stadt, ein Schloß, das ganz zerstört,
Ein Reich das durch und durch zerrütt ist und entböhrt,
Ein königliches Weib, die nun zur Sklavin worden,
Ist eine Seel, die sich die Sünde läßt ermorden.

14. Die heilige Seele

Ein neus Jerusalem, ein ausgebautes Schloß,
Ein Reich, das jedem Feind zu stark ist und zu groß,
Ein Mägdlein, die versetzt in der Göttinnen Orden,
Ist, Jungfrau, deine Seel, die Gotts Gemahlin worden.

15. Der Sohn führt des Vaters Namen

Sag, was uns endlich Gott für einen Namen gibt,
Die er in seinem Sohn für Sohn aufnimmt und liebt?
Fragst du und nennst ihn Gott, so mußt du ja bekennen,
Daß er uns anders nicht als Götter könne nennen.

16. Die geheime Auferstehung

Durch Hoffart, Fleischeslust und durch Begier der Welt
Hat Geist, Leib, Seel der Feind gestürzet und gefällt.
Durch Demut und Kastein und durch Almosengeben
Steht auf Geist, Leib und Seel zu einem neuen Leben.

190

17. Eine Begierde löscht die andere aus

Je mehr ein Mensch sich freut auf zeitlich Ehr und Gut,
Je weniger hat er zu ewgen Dingen Mut.
Je mehr hingegen er wart auf die ewgen Dinge,
Je mehr und mehr wird ihm das Zeitliche geringe.

18. Die Ewigkeit wird für nichts geschätzt

O Torheit! Um die Zeit wagt man sich bis in Tod
Und auf die Ewigkeit setzt man nur einen Spott.

19. Der größte Narr

Du schlägst ums Zeitliche das Ewig in den Wind;
Richt, ob die Welt auch wohl ein größern Narren findt?

20. Das Zeitliche ist Rauch

Alls Zeitlich ist ein Rauch; läßt du es in dein Haus,
So beißt es dir fürwahr des Geistes Augen aus.

21. Das Ewige soll man suchen

Die Ehre dieser Welt vergeht in kurzer Zeit;
Ach, suche doch die Ehr der ewgen Seligkeit.

22. Einen Dunst umfassen ist töricht

Wie töricht tut der Mann, der einen Dunst umfaßt,
Wie töricht, der du Freud an eitler Ehre hast!

23. Sich nicht Erkennen macht eitles Rennen

Wie, daß der Mensch so toll nach eitlen Ehren rennt?
Es kommet, weil er nicht sein Ehr in Gott erkennt.

24. Was man in sich hat, sucht man nicht draußen

Wer in sich Ehre hat, der sucht sie nicht von außen,
Suchst du sie in der Welt, so hast du sie noch draußen.

25. Der Weise sucht keinen äußern Ehrenstand

Der Weise strebet nicht nach äußrem Ehrenstand;
Es ist ihm Ehr genug, daß er Gott nah verwandt.

26. Der Weise ist voller Ehren

Der Weis' ist voller Ehrn. Wie da? er ist erkiest,
Daß er der wahren Ehr (Gotts) ewger Tempel ist.

27. Der Sünder hat keine Ehre

Der Sünder ist des Tiers und aller Teufel Stall;
Drum fehlts ihm doch an Ehrn, hätt er sie überall.

28. Ein reicher Sünder, ein vergolder Kot

Mensch, kein vergolder Kot ist reich, geehrt und schön;
Die Sünder auch, die gleich in lautrem Golde stehn.

29. Der Sünder wird zu Kot

Der Heilge steiget auf und wird ein Gott in Gott,
Der Sünder fällt herab und wird zu Mist und Kot.

30. Wer hochgeehrt will sein, muß Gott werden

Nichts ist geehrt wie Gott im Himmel und auf Erden;
Streb, daß du wirst, was er, wo du geehrt willst werden.

31. Der Mensch muß das Seinige tun

Mein, richte dich doch auf! Wie soll dich Gott erheben,
Weil du mit ganzer Macht bleibst an der Erde kleben.

32. Ein Wurm beschämt uns

O Spott! Ein Seidenwurm, der wirkt, bis er kann fliegen;
Und du bleibst, wie du bist, nur auf der Erde liegen.

33. Man muß sich verwandeln

Mensch, alls verwandelt sich; wie kannst denn du allein
Ohn einge Besserung der alte Fleischklotz sein?

34. Wer das ewge Licht sieht

Das Licht der Ewigkeit, das leucht auch in der Nacht.
Wer siehts? Derjenge Geist, ders heiliglich betracht.

35. Die Zukehr macht schauen

Willst du die Sonn und Mond am hellen Himmel sehn,
So mußt du ihn'n fürwahr ja nicht den Rücken drehn.

36. Das offne Auge sieht

Ein offnes Auge sieht; tust du deins zu, o Kind,
So bist du, Gott zu schaun, mutwillig maulwurfsblind.

37. Nichts leuchtet ohne die Sonne

Rauh ist der Mond gestalt ohn seiner Sonne Licht,
Rauh ohne deine Sonn dein Seelenangesicht.

38. So viel Zukehr, so viel Erleuchtung

So viel der Monde sich zu seiner Sonne kehrt,
Zu deiner du, so viel werdt ihr eurs Lichts gewährt.

39. Der geistliche Mond mit seiner Sonne

Ich will der Monde sein, sei Jesus! du die Sonne,
So wird mein Angesicht voll ewger Freud und Wonne.

40. Die Sonne muß erleuchten

Die Sonne muß ihr Licht alln, die es wolln, gewährn;
Der Teufel würd erleucht, wollt er zu Gott sich kehrn.

41. Wer die Sonne nicht merkt, der ist nicht

Die Sonn erwärmet alls, ja auch den kältsten Stein;
Fühlst du die Wirkung nicht, so mußt du nicht mehr sein.

42. Wer nicht bewegt wird, gehört nicht zum Ganzen

Die Sonn erreget alls, macht alle Sterne tanzen,
Wirst du nicht auch bewegt, so ghörst du nicht zum Ganzen.

43. Wer vergeht, der ist nicht

Der Sünder ist nicht mehr. Wie? seh ich ihn doch stehn!
Hättst du das rechte Licht, du sähest ihn vergehn. 193

44. Was verdirbt, wird zu Nichts

Was fort und fort verdirbt, das kann nicht stehn noch sein,
Es eilt zum Untergang und wird dem Nichts gemein.

45. Eigensinnigkeit reißt von Gott ab

Was nicht am Leibe bleibt, wird nicht vom Haupt geküßt;
Merks, Eigensinniger, daß du nicht Christi bist.

46. Das Abgesonderte hat nichts mit dem Ganzen gemein

Ein abgefallnes Laub, ein saures Tröpflein Wein,
Was hat es mit dem Baum, was mit dem Most gemein?

47. Es ist noch Zeit zum Heil

Kehr um, verirrtes Schaf, zeuch Saft verdorrter Ast,
Du kannst wohl komm'n und ziehn, weil du den Trieb noch hast.

48. Das Beispiel reizt an

Dein Feldherr geht voran, er streit für dich, mein Christ:
Ists möglich, daß du noch ein fauler Esel bist?

49. Das verächtlichste Aas

Wer sich den Teufel läßt erschlagen und ermorden,
Der ist ein toter Hund des schnödsten Schinders worden.

50. Der schändliche Gefangene

Pfui dich, daß dich ein Weib, die Nichtigkeit der Welt,
Mit ihrem Spinneweb so lang gefangen hält!

51. Die schnödste Dirne

Mensch, läßt du dich dein Fleisch beherrschn und nehmen ein,
So muß wohl deine Seel die schnödste Dirne sein.

52. Der schändliche Fall

Halt aus Welt, Teufel, Fleisch, du bist ja, Christ! ein Held;
Wie schändlich ists, wenn man vor diesem Buben fällt.

194

53. Die siegreichen Waffen

Der Teufel durchs Gebet, das Fleisch kann durch Kastein,
Die Welt, wenn man sie läßt, gar leicht bezwungen sein.

54. Der Sieg folgt erst hernach

Christ, niemand hat den Sieg und dessen Trost empfunden,
Der nicht zuvor im Streit den Feind hat überwunden.

55. Kein Kron ohne Kampf

Ein Kampfplatz ist die Welt; das Kränzlein und die Kron
Trägt keiner, der nicht kämpft, mit Ruhm und Ehrn davon.

56. Der Erste kriegt den Preis

Lauf nach dem Ehrenpreis, du mußt der Erste sein,
Du trägest nichts davon, kriegst du ihn nicht allein.

57. Eins ist die Ehre

Der Feldherr triumphiert, er hat die Ehr allein;
Erhältst auch du die Schlacht, so wird sie deine sein.

58. Kurzer Streit, ewiger Triumph

Wie kurz ist doch der Streit; wie glücklich ist der Held,
Der ewig triumphiert den Teufel, Fleisch und Welt.

59. Man muß nach Ehren streben

Die Ehr ist doch nicht nichts. Die nie nach Ehren streben,
Die kommen nie zur Ruh, auch nicht im andern Leben.

60. Wo Ehr und Schande ist

Der Himmel ist voll Ruhm, voll Ehr und Herrlichkeit,
Die Hölle voller Spott, Schmach und Mühseligkeit.

61. Nicht streiten wollen ist spöttlich

Ein Spott wird der Soldat des Feinds, vor dem er zagt,
Ein Spott des ewgen Feinds der Christ, der ihn nicht jagt.

62. Das Beste ist zu erwählen

Auf, auf, Soldat, zum Streit! Dir wird ja lieber sein
Die Ruhe nach dem Sieg als nach der Ruh die Pein.

63. Des Sünders Seele ist die närrischste

Du läßt die ewge Lust und kiesest ewge Pein,
Kann auch was närrischers als deine Seele sein?

64. Der größte Narr

Christ, wenn du einen siehst so stark zur Hölle rennen,
Den magst du ohn Bedacht den größten Narren nennen.

65. Die zwei wunderlichen Toren

Ach Jammer, jener rennt, daß er in Abgrund kömmt,
Und dieser regt sich kaum, daß er Gotts Burg einnimmt!

66. Das Zeitliche macht ungeschickt

Ach mein, wie magst du doch die Welt so in dich saufen?
Du wirst ja ungeschickt den Ehrnkranz zu erlaufen!

67. Das weltliche Gut beschwert

Wirf das Gebündle weg. Wer streiten soll und kriegen,
Dem muß kein Sack voll Geld auf seinen Achseln liegen.

68. Der Selbst-Tadel

Du lachst den Krieger aus, der sich mit Raub beschwert;
Fürwahr, mein Euclio, du bist des Lachens wert.

69. Kein ungeschickter Mensch kommt in den Himmel

Geh, fast und zehr dich aus, die Himmels Tür ist klein,
Wirst du nicht wohl geschickt, du kommest nicht hinein.

70. Stille stehn ist zurücke gehn

Ja Bruder, geh doch fort, was bleibst du stille stehn?
Stehn auf dem Wege Gotts, heißt man zurücke gehn.

196

71. Das gute und üble Zurückegehn

Wie wohl geht der zurück, der von dem Feind weg fährt;
Wie übel, welcher Gott den Rücken endlich kehrt.

72. Die Faulheit überkommt nicht den Himmel

Ach, Fauler, reg dich doch, wie bleibst du immer liegen?
Fürwahr, der Himmel wird dir nicht ins Maul einfliegen.

73. Man hat nichts umsonst

Mensch, um die Hölle muß der Sünder so viel leiden;
Wie soll denn Gott um nichts dir geben seine Freuden?

74. Gewalt nimmt den Himmel ein

Gewalt geht über Recht. Wer nur Gewalt kann üben,
Von dem wird auch die Tür des Himmels aufgetrieben.

75. Allein die Überwindung beruhigt

Freund, streiten ist nicht gnug, du mußt auch überwinden,
Wo du willst ewge Ruh und ewgen Frieden finden.

76. Die Welt erwählt das Ärgste

Gott reicht die Kron der Ehrn, der Teufel Spott und Hohn,
Und dennoch greift die Welt nicht nach der Ehrenkron.

77. Der Sünder will seinen Tod

Ach Sünder, ists denn wahr? du willst dich eh' verlieren
Als ewiglich mit Gott ein Gott sein und regieren?

78. Was Verlorensein ist

Was ist Verlorensein? frag das verlorne Lamm,
Frag die verlorne Braut vom ewgen Bräutigam.

79. Die ewige Verlorenheit

Das Schaf ist gänzlich hin, das nie wird wieder funden;
Die Seel, die Gott nicht findt, bleibt ewiglich verschwunden.

197

80. Gott sucht nicht, was ewig verloren

Findt Gott nicht, was er sucht? er sucht in Ewigkeit
Nicht, was sich hat von ihm verloren in der Zeit.

81. Gott findet die Verdammten nicht

Gott kann schon ewiglich nicht die Verdammten finden,
Weil sie stets durch ihrn Willn vor ihm im Pfuhl verschwinden.

82. Der Wille macht Verlorensein

Der Will macht dich verlorn, der Will macht dich gefunden,
Der Will, der macht dich frei, gefesselt und gebunden.

83. An den Geldsuchenden

O Narr, was rennst du so nach Reichtum in der Welt
Und weißt doch, daß man wird dadurch in Pfuhl gefällt?

84. Der größte Reichtum und Gewinn

Der größte Reichtum ist nach keinem Reichtum streben,
Der größeste Gewinn, sich dessen ganz begeben.

85. Man tut nicht, was man lobt

Man lobt den guten Mann, der sich genügen läßt,
Und frißet doch um sich gleich wie der Krebs und Pest.

86. Wer alles verlangt, hat noch nichts

Wer nichts verlangt, hat alls; wer alles tut verlangen,
Der hat in Wahrheit noch nicht einen Stiel empfangen.

87. Wer der Sonne und Gotte gleicht

Wer alln sein Gut mitteilt, alln nutzt und alle liebt,
Ist wie der Sonnen Licht und Gott, der alln sich gibt.

88. Almosen geben macht reich

Der Arme, gibst du ihm, macht dich dem Reichen gleich.
Wie da? er trägt dir alls voran ins Himmelreich.

89. An den Kargen

Pfui dich, du karger Filz, Gott hat dir alls gegeben,
Doch wenn er zu dir kommt, gibst du ihm kaum zu leben.

90. Der Reiche siehet Gott nicht gern

Der arme Christ ist Gott; doch sieht des Reichen Haus
Gemeiniglich nicht gern den Gott gehn ein und aus.

91. Anders geglaubt, anders getan

Man glaubt: es selger sein zu geben als zu nehmen,
Und doch will man gar schlecht zum Geben sich bequemen.

92. Tun, was du dir getan willst

Mensch, weil du gerne siehst, daß man dir Gaben gibt,
So mache doch auch dich im Geben wohl geübt.

93. Weise und närrische Sammlung

Der Geizhals ist ein Narr, er sammlet was vergeht;
Der Mild ein weiser Mann, er suchet was besteht.

94. Mildigkeit ist frei, Geiz gebunden

Ein Milder breit sich aus, ein Geizhals krippt sich ein;
Der fäht schon an bestrickt und jener frei zu sein.

95. Wo der Schatz, da das Herze

Der Weise hat sein Herz bei Gott und in dem Himmel,
Der Geizige beim Geld und in dem Weltgetümmel.

96. Der Weltsuchende zieht am Narrenseil

Wo du auch Kluge siehst sich um die Welt bemühn,
So sage, daß auch sie am Narrenseile ziehn.

97. Das Ewige hat schlechten Verdrang

Man sieht fast alle Welt mit Judenspießen laufen
Und doch ums Himmelreich so wenig Leute kaufen.

199

98. Gift wird für Zucker gelegt

Gott streuet Zucker auf, der Teufel Gift und Galle;
Den Zucker läßt man stehn und leckt die Gift zum Falle.

99. Des Weisen und Geizigen Geldkammer

Der Weis' ist klüglich reich, er hat das Geld im Kasten,
Der Geizhals im Gemüt, drum läßts ihn niemals rasten.

100. Der Weise kommt den Dieben vor

Der Weise wartet nicht, bis ihm was wird genommen;
Er nimmt sich alles selbst, den Dieben vorzukommen.

101. Begierde benommen, alles benommen

Mensch, nimm dir nur die Lieb und die Begier der Dinge,
So sind die Dinge selbst benommen und geringe.

102. Das Auge und Herze leiden nichts

Das Herz ist wie das Aug; ein einzigs Gränelein,
Wo dus im Herzen hast, verursacht dir schon Pein.

103. Beschwert kommt niemand fort

Der Schiffer wirft im Sturm die schwersten Waren aus;
Meinst du mit Gold beschwert zu komm'n ins Himmels Haus?

104. Alles Weltliche muß weg

Mensch, wirfest du nicht weg dein Liebstes auf der Erden,
So kann dir nimmermehr des Himmels Hafen werden.

105. Alles um Alles

Die Seligkeit ist alls. Wer alles will erheben,
Der muß auch zuvoran hier alls um alles geben.

106. Nichts gewinnt nichts

Um nichts gewinnt man nichts. Wo du nichts auf willst setzen,
So wirst du dich fürwahr auch ewig nicht ergötzen.

107. Der törichte Verlust

Mit hundert will Gott eins bezahln im ewgen Leben;
Wie töricht sind wir doch, daß wir nicht alls hingeben.

200

108. Mit der Begierde hat man

Freund, schmeichle dir nicht viel; hast du noch die Begier,
So hast du noch die Welt und alle Ding in dir.

109. Der sein selbst Sklave

Du willst nicht Sklave sein, und doch ists wahr, mein Christ,
Daß deiner Selbstbegier du vielmal Sklave bist.

110. Die schnödeste Sklaverei

Die schnödste Sklaverei ist gerne Sklave sein;
Wie bildst du, Sündensklav, dir dann was ehrlichs ein?

111. Die geistliche Hundshütte

Nichts Schändlichs, nichts Gerings steigt in ein groß Gemüte;
Hat deins an Sünden Lust, so ists ein Hundehütte.

112. Die schmählichste Dienstbarkeit

Das Schmählichst ist die Sünd. Denk, Sünder, was für Schmach,
Der du als wie ein Hund ihr dienst, dir folget nach.

113. Der willige Betrogene

Die Sünd ist voll Betrugs. Läßt du dich sie regiern,
So läßt du dich mit Willn in Schlund der Höllen führn.

114. Der Stockknecht liebt den Stock

Kein edler Geist ist gern gefangen und umschränkt;
Du mußt ein Stockknecht sein, wo dich dein Leib nicht kränkt.

115. Nachlässigkeit kommt nicht zu Gott

Du sprichst, du wirst noch wohl Gott sehen und sein Licht;
O Narr, du siehst ihn nie, siehst du ihn heute nicht.

116. Nicht verlangen, nicht empfangen

Wer Gottes Angesicht hier nicht sieht mit Begier,
Der kommt in Ewigkeit darnach nicht bei ihm für.

117. Ohne Liebespein, ohne Liebe

Verzug ursacht Verdruß. Fühlst du um Gott nicht Pein,
So glaub ich nicht, dein Herz in ihn entzündt zu sein.

118. Die Liebe zeucht zum Geliebten

Die Lieb ist das Gewicht. Ists wahr, daß wir Gott lieben,
So werden wir von ihr stets hin zu Gott getrieben.

119. Das göttliche und ungöttliche Gemüt

Ein göttliches Gemüt steht stets nach Gott gericht;
Nichts Göttlichs ist an dir, verlangt dich nach ihm nicht.

120. Nicht begehren ist nicht lieben

Du hast gern deinen Hund, der dir beliebt, bei dir;
Wie liebest du denn Gott mit lauter Unbegier?

121. Nicht sterben wollen, nicht leben wollen

Mensch, stirbest du nicht gern, so willst du nicht dein Leben;
Das Leben wird dir nicht als durch den Tod gegeben.

122. Die doppelte Torheit

Du rennst in Todsgefahr, schnöd Ehre zu erwerben;
Um ewge Herrlichkeit hörst du nicht gern vom Sterben.

123. Der Narr erkiest das Ärgste

Ein Narr ist, der den Stock fürs Kaisers Burg erkiest,
Der lieber in der Welt als in dem Himmel ist.

124. Erkiesung, Benennung

Ein Knecht ist gern im Stall, ein Schweinhirt gern um Schweine;
Wärst du ein edler Herr, du wärest gern, wo's Reine. 202

125. Was man ist, das liebt man

Jeds liebet, was es ist; der Käfer seinen Mist,
Den Unflat liebest du, weil du ein Unflat bist.

126. Gesellschaft zeigt den Mann

Die Losung der Gespan: Wers gern mit Narren hält,
Der ist kein kluger Mann; nicht groß, wer mit der Welt.

127. Der Liebe Tod und Pein

Gott ist mein einge Lieb; ihm nicht gemeine sein,
Ist meiner Seelen Tod, meins Herzens einge Pein.

128. Wer zu Gott will, muß Gott werden

Werd Gott, willst du zu Gott; Gott macht sich nicht gemein,
Wer nicht mit ihm will Gott und das, was er ist, sein.

129. Wer will, wird Gott geboren

Von Gott wird Gott gebore; soll er dich denn gebärn,
So mußt du ihm zuvor den Willn dazu gewährn.

130. Nichts werden ist Gott werden

Nichts wird, was zuvor ist; wirst du nicht vor zu nicht,
So wirst du nimmermehr geborn vom ewgen Licht.

131. Höchste Geburt, höchste Freude

Die höchste Freud und Lust, die Gott mir kann gewährn,
Ist, daß er ewig wird mich, seinen Sohn, gebärn.

132. Gottes einige Seligkeit

Gebärn ist selig sein. Gotts einge Seligkeit
Ist, daß er seinen Sohn gebiert von Ewigkeit.

133. Wie man so selig als Gott wird

Gott ist das Seligste. Willst du so selig sein,
So dring in die Geburt des Sohnes Gottes ein.

134. Von Gott geboren werden ist gänzlich Gott sein

Gott zeuget nichts als Gott: zeugt er dich seinen Sohn,
So wirst du Gott in Gott, Herr auf des Herren Thron.

135. Gott mit Gott werden ist alles mit ihm sein

Wer Gott mit Gott gewird, ist mit ihm eine Freud,
Ein ewge Majestät, ein Reich und Herrlichkeit.

136. Ewge Ehre und Schande

O Ehr, o Seligkeit! das ewig sein, was Gott;
Das, was der Teufel ist, o ewge Schand und Spott!

137. Der närrische Unheilige

Du willst kein Heilger sein, gleichwohl in Himmel kommen!
O Narr, es werden nur die Heilgen eingenommen.

138. Der größte Bauer

Du schmückst dich, wenn du sollst nachs Kaisers Hofe gehn,
Und denkst, o gröbster Baur, ohn Schmuck vor Gott zu stehn?

139. Kein Höfling, kein Himmling

Mensch, wirst du nicht gehöft und klebst am Kloß der Erden,
Wie soll der Himmel dir, der keinem Pflock wird, werden?

140. Wer nicht haßt, hat nicht verlassen

Du steckst im falschen Wahn, kannst du die Welt nicht hassen,
Fürwahr du hast nicht sie, sie hat nur dich verlassen.

141. An den gezwungenen Kreuzleidenden

Mensch, wer dem Kreuz nicht kann entwerden und entgehn,
Der muß auch wider'n Willn daran gehaftet stehn.

142. An den Weltverlassenen

Manch Ding tut man aus Not; auch du verläßt die Welt,
Weil dirs dein Herze sagt, daß sie nichts von dir hält.

204

143. An den Hoffärtigen

Es heißt sich einen Wurm aus Demut Gottes Sohn.
Du Wurm! mißt dir wohl zu aus Hoffart seinen Thron?

144. Die Selbstschätzung ist verwerflich

Der Himmel schätzt sich nicht, ob er gleich alls ernährt;
Schätzt du dich selber hoch, so bist du wohl nichts wert.

145. Die seltsame Tugend

Gott spricht, wer sich versenkt, der wird erhaben werden;
Und doch ist dieses Tun das seltsamst auf der Erden.

146. Das Werk bewährt den Meister

Freund, weil du sitzt und denkst, bist du ein Mann voll Tugend;
Wenn du sie wirken sollst, siehst du erst deine Jugend.

147. Traurigkeit bringt Freude

Wer heilge Traurigkeit hier hat zum Vesperbrot,
Dem wart' das Abendmahl, die ewge Freud in Gott.

148. Wer hier satt wird, kann dort nicht essen

Wie, daß der Fraß nicht kommt zum ewgen Abendessen!
Er mag nicht, weil er hier sich hat zu satt gefressen.

149. Der Trunkenbold kann Gott nicht tränken

Gott will den sättigen, den hungert und den dürst;
Dir kann ers nimmer tun, der du nie nüchtern wirst.

150. Nichts umsonst

Niemand hat was umsonst; wie bildst du dir dann ein,
Daß auch das Himmelreich umsonst wird deine sein?

151. Gottes Kaufmannschaft

Gott treibet Kaufmannschaft, er biet den Himmel feil;
Wie teuer gibt er ihn? um einen Liebespfeil.

205

152. Gott ist unser Ziel

Was macht nicht Gott aus sich; er ist meins Herzens Ziel,
Ich schieße stets nach ihm, ich treff ihn, wenn ich will.

153. Das Überunmöglichste ist möglich

Du kannst mit deinem Pfeil die Sonne nicht erreichen;
Ich kann mit meinem wohl die ewge Sonn bestreichen.

154. Gott tut selbst alles

Gott legt den Pfeil selbst auf, Gott spannet selbst den Bogen,
Gott drücket selber ab, drum ists so wohl gezogen.

155. Je näher beim Ziel, je gewisser

Je näher bei dem Ziel, je näher beim Gewinn;
Meinst du das Herze Gottes, so tritt nur nahe hin.

156. Des Sünders Gebet ist umsonst

Der Sünder zielt nach Gott und wendt sich von ihm weg,
Wie solls dann möglich sein, daß er berühr den Zweck?

157. Wie man sich zu Gott kehrt

Mit heiliger Begier und nicht mit bloßem Beten,
Mit heilgem Lebenslauf kommt man zu Gott getreten.

158. Das geistliche Schützezeug

Das Herz ist unser Rohr, die Liebe Kraut und Lot,
Der Zunder guter Will; zieh los, so triffst du Gott.

159. Das Herze muß scharf geladen sein

Ei, lad doch recht und scharf, was paffst du in die Luft?
Was blind geladen ist, das heißet nur gepufft.

160. Es muß aus dem Herzen gehn

Das Mundloch gibt nicht Feur, im Fall du je willst schießen,
Mußt du die Kammer ja zuvor geladen wissen.

161. Das Herze muß geräumt und rein sein

Christ, ist das Rohr nicht rein, die Kammer nicht geräumt
Und du drückst gleichwohl los, so halt ich, daß dir träumt.

162. Ein vergiftetes Herze treibt nicht in die Höhe

Halt, du verletzest dich, das Gift muß aus dem Rohr,
Sonst springts fürwahr entzwei und treibet nicht empor.

163. Haß macht sich verhaßt

Mensch, wer mit Haß und Neid vor Gott den Herrn will treten,
Der wird sich anders nichts als Haß und Neid erbeten.

164. Erlaß, wie wir erlassen

Was du dem Nächsten willst, das bittst du dir von Gott;
Willst du nicht sein Gedeihn, so bittst du dir den Tod.

165. Gib, wie du begehrst

Mensch, du begehrst von Gott das ganze Himmelreich;
Bitt man von dir ein Brot, so wirst du blaß und bleich.

166. Wer das Himmelreich hat, kann nicht arm werden

Das Reich Gotts ist in uns. Hast du schon hier auf Erden
Ein ganzes Reich in dir, was fürchtst du arm zu werden?

167. Wer wahrhaftig reich

Viel haben macht nicht reich. Der ist ein reicher Mann,
Der alles, was er hat, ohn Leid verlieren kann.

168. Der Weise hat nichts im Kasten

Ein weiser Mann hat nichts im Kasten oder Schrein;
Was er verlieren kann, schätzt er nicht seine sein.

169. Man muß sein, was man nicht verlieren will

Der Weis' ist, was er hat; willst du das Feinperlein
Des Himmels nicht verliern, so mußt dus selber sein.

207

170. Zweierlei seiner selbst Verlierung

Ich kann mich selbst verliern? ja! bös ists, wenn in Tod;
Glückselig preis ich dich, verlierst du dich in Gott.

171. Im Meer werden alle Tropfen Meer

Das Tröpflein wird das Meer, wenn es ins Meer gekommen;
Die Seele Gott, wenn sie in Gott ist aufgenommen.

172. Im Meer kann man kein Tröpflein unterscheiden

Wenn du das Tröpflein wirst im großen Meere nennen,
Dann wirst du meine Seel im großen Gott erkennen.

173. Im Meer ist auch ein Tröpflein Meer

Im Meer ist alles Meer, auchs kleinste Tröpfelein;
Sag, welche heilge Seel in Gott nicht Gott wird sein?

174. Im Meer sind viel eins

Viel Körnlein sind ein Brot, ein Meer viel Tröpfelein;
So sind auch unser viel in Gott ein einges Ein.

175. Die Vereinigung mit Gott ist leicht

Mensch, du kannst dich mit Gott viel leichter eines sehn
Als man ein Aug auftut; will nur, so ists geschehn.

176. Gott verlangen macht Ruh und Pein

Die Seele, die nichts sucht als eins mit Gott zu sein,
Die lebt in steter Ruh und hat doch stete Pein.

177. Des Narren und Weisen Gemeinschaft

Ein Narr ist gern zerstreut, ein Weiser gern allein;
Er machet sich mit alln, der nur mit Gott gemein.

178. Mehr sind tot als lebendig

Alls lebt und reget sich; doch zweifl ich, ob die Welt
Mehr der (Gott)-Lebenden als -Toten in sich hält.

208

179. Der Geizigen und Weisen Wirkung

Der Geizhals muß davon, läßt anderen sein Geld;
Der Weise schickts für sich voran in jene Welt.

180. Eben von derselben

Der Weise streuet aus für seine Freund in Gott;
Der Geizhals sammlet ein fürn Teufel und fürn Tod.

181. Der Narren und Weisen Schätzung

Der Narr hält sich für reich bei einem Sack voll Geld;
Der Weise schätzt sich arm auch bei der ganzen Welt.

182. Der Unglaube hegt den Geiz

Wer gibt, dem gibet Gott mehr als der gibt und will;
Was geizt die Welt denn so? sie glaubet Gott nicht viel.

183. Der Weise sucht nichts

Der Weise suchet nichts, er hat den stillsten Orden,
Warum? er ist in Gott schon alles selber worden.

184. Alles verdirbt uns, was wir nicht sind

Christ, werde, was du suchst; wo dus nicht selber bist,
So kommst du nie zur Ruh und wird dir alls zu Mist.

185. Der Reichtum muß inner uns sein

In dir muß Reichtum sein; was du nicht in dir hast,
Wärs auch die ganze Welt, ist dir nur eine Last.

186. Gott ist der Reichtum

Gott ist der Reichtum gar. Gnügt er dir in der Zeit,
So stehest du schon hier im Stand der Seligkeit.

187. Der dumme Geizhals

Hast du an Gott nicht gnug und suchst nicht ihn allein,
So mußt du wohl ein Tor und dummer Geizhals sein.

188. Der törichte Suchende

Suchst du was und vermeinst, daß Gott nicht alles sei,
So gehst du Gott und alls in Ewigkeit vorbei.

189. Alles begehren ist nichts haben

Mensch, glaube dies gewiß, hast du nach allm Begier,
So bist du bettelarm und hast noch nichts in dir.

190. Außer Gott ist alles nichts

Mensch, wem Gott alles ist, dem ist sonst alles nichts;
Hast du nicht alls an Gott, fürwahr im Nichts gebrichts.

191. Welt verlassen, wenig verlassen

Die ganze Welt ist nichts; du hast nicht viel veracht,
Wenn du gleich hast die Welt aus deinem Sinn gebracht.

192. Sich verlassen ist etwas verlassen

Du selber mußt aus dir. Wenn du dich selbst wirst hassen,
Dann schätz ich dich, daß du erst etwas hast verlassen.

193. Man muß getötet sein

Alls muß geschlachtet sein; schlachtst du dich nicht für Gott,
So schlachtet dich zuletzt fürn Feind der ewge Tod.

194. Wirkung der Abtötung und des Lebens der Selbstheit

Durch Tötung deiner selbst wirst du Gotts Lamm darstellen;
Mit Leben bleibest du ein toter Hund der Höllen.

195. Viel Ixiones

Ixion ist allein beschrien auf allen Gassen;
Und sieh, viel tausend sind, die eine Wolk umfassen.

196. An den Störenfried

Wenn du an einem Pflug willst mit Ixion pflügen,
So wirst du auch mit ihm auf einem Rade liegen.

210

197. Wie die Arbeit, so der Lohn

Freund, wie die Arbeit ist, so ist auch drauf der Lohn;
Auf böse folgen Streich, auf gute Preis und Kron.

198. Eingezogenheit verhütet viel

Braut, ists daß du nicht gern läßt fremde Buhler für,
So halt die Fenster zu und steh nicht in der Tür.

199. Behutsamkeit ist not

Behutsamkeit ist not; viel wärn nicht umgekommen,
Wenn sie der Sinnen Tür in bessre Hut genommen.

200. Vermessenheit ist schädlich

Vermiß dich, Jungfrau, nicht; wer in Gefahr sich gibt,
Der wird gemeiniglich gefähret und betrübt.

201. Sicherheit macht verlieren

Steh, wache, fast und bet; in einer Sicherheit
Hat mancher gar verlorn das Schloß der Ewigkeit.

202. Drei Dinge sind zu fliehn

Kind, scheue, meide, fleuch den Wein, das Weib, die Nacht;
Sie haben manchen Mann um Leib und Seele bracht.

203. Ein finsteres Herze sieht nicht

Gib Achtung auf das Feur; wo nicht die Lampen brennen,
Wer will den Bräutigam, wenn er wird komm'n, erkennen?

204. Das geistliche Losungswort

Das Losungswort ist Lieb; hast dus nicht eingenommen,
So darfst du nimmermehr ans Himmels Grenzen kommen.

205. Die verlorne Schildwacht

Die Schildwach ist verlorn, die sich in Schlaf versenkt;
211 Die Seel ist gänzlich hin, die nie an Feind gedenkt.

206. Man muß den Feind nicht auf den Leib lassen

Freund, wach und schau dich um, der Teufel geht stets runten;
Kommt er dir auf den Leib, so liegest du schon unten.

207. Der Teufel wird leicht überwunden

Christ, sei nur nicht verzagt. Mit Wachen, Fasten, Beten
Kannst du das ganze Heer der Teufel untertreten.

208. Die kluge und törichte Schönheit

Die kluge Jungfrau hat ihrn Schmuck in sich allein;
Die Törin denkt sich schön in schönen Kleidern sein.

209. Das Äußerliche macht nicht werter

Mensch, alls was außer dir, das gibt dir keinen Wert;
Das Kleid macht keinen Mann, der Sattel macht kein Pferd.

210. Was man inwendig ist, sucht man nicht auswendig

Mann, wer in Tugenden von innen reich und schön,
Der wird von außen nicht nach Schmuck und Reichtum stehn.

211. Die Welt ist verblendet

Wie, daß die Welt so sehr nach eitlen Dingen rennt?
Verwundre dich nicht, Freund, sie rast und ist verblendet.

212. Anders tun als glauben ist närrisch

Christ, bist du nicht ein Narr? du glaubst die Ewigkeit
Und hängst mit Leib und Seel verblendet an der Zeit.

213. Dem Kleinen ist alles Kleine groß

Kind, wachs und werde groß. Solange du noch klein,
Solange dünkt dich alls, was klein ist, groß zu sein.

214. Nichts ist groß als Gott

Nichts ist mir groß als Gott; ein göttliches Gemüte
Schätzt auch den Himmel selbst für eine kleine Hütte.

215. Man muß sich von oben herab ansehn

Du dünkst dich viel zu sein. Ach! wärst du über dir
Und schautest dich dann an, du sähst ein schlechtes Tier.

216. In der Nähe sieht mans recht

Mein, nah dich doch zu Gott; alls ist von ferne klein,
Trittst du hinzu, er wird bald groß genug dir sein.

217. Das Ameis-Gemüte

Die Erde scheint dir breit, ein Klümplein groß, mein Christ,
Ein Maulwurfshauf ein Berg, weil du ein Ameis bist.

218. Nichts ist groß auf der Erde

Zum Himmel ist die Erd ein einzigs Stäubelein;
O Narr, wie kann in ihr dann etwas Großes sein?

219. Nichts beschaut, nichts geschätzt

Wie, daß die Welt nichts schätzt die schönen Himmelsauen!
Man schätzt nichts unbeschaut, es mangelt am Beschauen.

220. Aus dem Beschaun entsteht die Liebe

Die Liebe folgt aufs Schaun, Schau an die ewgen Dinge,
So liebst du sie alsbald und hältst sonst alls geringe.

221. Die Welt soll man nicht anschaun

Wend ab dein Angesicht; die Welt nur angeblickt
Hat manches edle Blut verzaubert und berückt.

222. Die Welt muß beschaut sein

Kehr hin dein Angesicht und schau die eitle Welt;
Wer sie nicht recht betracht, der wird fürwahr gefällt.

223. Die Welt muß belacht und beweint werden

Fürwahr, wer diese Welt recht nimmt in Augenschein,
Muß bald Demokritus, bald Heraklitus sein.

213

224. Die Kinder weinen um die Tocken

Du lachest, daß das Kind um seine Tocken weint!
Um die du dich betrübst, sag, obs nicht Tocken seind?

225. Dem Weisen nimmt man nichts als Tocken

Der Weise lacht dazu, wenn man ihm alls genommen.
Warum? er ist um nichts, als nur um Tocken kommen.

226. Rechte Schätzung bringt kein Leid

Christ, wer die Dinge weiß nach ihrem Wert zu schätzen,
Wird um kein Zeitliches sich in Betrübnis setzen.

227. Der Weisen Kränkung

Der Weis' ist stets in Freud, er wird von nichts betrübt;
Dies einzige kränkt ihn nur, daß Gott nicht wird geliebt.

228. Gottes Schmiedefeuer

Der Eifer ist ein Feur; brennt er ums Nächsten Heil,
So schmiedet Gott dabei der Liebe Donnerkeil

229. Der Weise hat alles gemein

Der Weise, was er hat, hat alls mit alln gemein.
Wie da? er schätzet alls, sich selbst auch nicht für sein.

230. Des Weisen und Narren Werk

Des Weisen ganzes Werk ist, daß er werde Gott;
Der Narr bemühet sich, bis er wird Erd und Kot.

231. Des Weisen Adel

Des Weisen Adel ist sein göttliches Gemüte,
Sein tugendhafter Lauf, sein christliches Geblüte.

232. Des Weisen Ahnen

Des Weisen Ahnen sind Gott Vater, Sohn und Geist;
Von denen schreibt er sich, wenn er sein Ankunft preist.

214

233. Die geheime adelige Geburt

Aus Gott bin ich geborn, erzeugt in seinem Sohn,
Geheiliget im Geist, dies ist mein Adelskron.

234. Wirkung der heiligen Dreifaltigkeit

Der Sohn erlöset uns, der Geist, der macht uns leben,
Des Vaters Allmacht wird uns die Vergöttung geben.

235. Noch von dieser

In Christo sterben wir, stehn auf im heilgen Geist,
Im Vater werden wir für Kinder Gotts gepreist.

236. Nichts Höheres ist als Gottes Sohn sein

Gotts Sohn ist Gott, mit Gott regiert auf einem Thron;
Nichts Höhers ist als ich, wenn ich bin dieser Sohn.

237. Wie man Gottes Tochter, Mutter und Braut wird

Gotts Tochter, Mutter, Braut kann jede Seele werden,
Die Gott zum Vater, Sohn und Bräutgam nimmt auf Erden.

238. Der Kuß der Gottheit

Gott küßt sich in sich selbst, sein Kuß der ist sein Geist,
Der Sohn ist, den er küßt, der Vater, ders geleist.

239. Seufzer zu Gott

Gott ist ein starker Strom, der hinnimmt Geist und Sinn;
Ach, daß ich noch nicht gar von ihm verschwemmet bin.

240. Allein der Weise ist reich

Allein der Weis' ist reich? die Tugenden in Gott,
Die er statt Goldes hat, nimmt ihm auch nicht der Tod.

241. Der Weise stirbt nicht

Der Weise stirbt nicht mehr, er ist zuvor schon tot,
Tot aller Eitelkeit, tot allem, was nicht Gott.

242. Der Weise ist nie allein

Der Weis' ist nie allein, geht er gleich ohne dich,
So hat er doch den Herrn der Dinge (Gott) mit sich.

243. Der Weise ist alleine Gott gemein

Groß ist des Weisen Mut; er machet sich allein
Dem Herrn der Herrlichkeit, so viel er kann, gemein.

244. Man muß sich erkühnen

Erkühn dich junger Christ; wer sich nicht will erheben,
Der bleibt wohl wie ein Wurm am Erdenkloße kleben.

245. Die Liebe macht kühn

Die Liebe macht uns kühn; wer Gott den Herrn will küssen,
Der fället ihm nur bloß mit seiner Lieb zu Füßen.

246. Die Liebe durchdringt das Innerste

Die Lieb durchdringet alls; ins innerste Gemach,
Welchs Gott vor alln verschließt, geht ihm die Liebe nach.

247. Die Beschaulichkeit ist Seligkeit

Glückselig ist wer steht auf der Beschauer Bahn;
Er fähet schon allhier das selge Leben an.

248. Gott nicht sehn, ist nichts sehn

Du reisest vielerlei zu sehn und auszuspähn;
Hast du nicht Gott erblickt, so hast du nichts gesehn.

249. Die seligste Wissenschaft

Glückselig ist der Mensch, der nichts als Jesum weiß;
Unselig wer sonst allm und diesem nicht gibt Preis.

250. Was glückselig sein ist

Glückselig sein ist nicht viel Ehr und Gut genießen,
Es ist, viel Tugenden in seiner Seele wissen.

216

251. An den Sonderling

Die Meinungen sind Sand, ein Narr, der bauet drein;
Du baust auf Meinungen, wie kannst du weise sein?

252. Die Heiligen sind keinem Klugen tot

Du sprichst, die Heiligen sind tot zu unsrer Not;
Der weise Mann der spricht, den Narren sind sie tot.

253. Allein der katholische Christ ist weise

Miß dir nicht Weisheit zu, wie klug du dir auch bist;
Niemand ist weis' in Gott als ein katholscher Christ.

254. Der Weise nimmt nichts als von Gott

Der Weis' ist hoch gesinnt; wird ihm was zugesandt,
So nimmt ers niemals an als nur von Gottes Hand.

255. Der Weise sündigt nicht

Der Weise sündigt nicht; die richtige Vernunft,
Nach der er wirkt, hält ihn in der Gerechten Zunft.

256. Der Weise irrt nie

Der Weise geht nie irr; er hängt auf jeder Bahn
Der ewgen Wahrheit, Gott, mit allen Kräften an.

257. Wer weise ist

Der ist der weise Mann, der sich und Gott wohl kennt;
Wem dieses Licht gebricht, ist unweis und verblendt.

258. Wie man weise wird

Mensch, willst du weise sein, willst Gott und dich erkennen,
So mußt du vor in dir die Weltbegier verbrennen.

259. Was des Menschen Weisheit ist

Des Menschen Weisheit ist gottselig sein auf Erden,
217 Gleichförmig Gottes Sohn an Sitten und Gebärden.

260. Rein macht Gott gemein

Nichts Unreins kommt zu Gott; bist du nicht funkelrein
Von aller Kreatur, so wirst ihm nie gemein.

261. Die Wahrheit macht weise sein

Die Wahrheit gibt das Sein; wer sie nicht recht erkennt,
Der wird mit keinem Recht ein weiser Mann genennt.

262. Die Welt ist ein Sandkorn

Wie, daß denn bei der Welt Gott nicht geschaut kann sein?
Sie kränkt das Auge stets, sie ist ein Sandkörnlein.

263. Beschluß

Freund, es ist auch genug. Im Fall du mehr willst lesen,
So geh und werde selbst die Schrift und selbst das Wesen.

Ende   218

Biographie

1624   *Dezember:* Angelus Silesius wird in Breslau geboren.
               25. Dezember: Taufe.
               Sein Vater ist Stanislaus Scheffler, Herr zu Borowicze,
               ein polnischer Adliger, der von Krakau/Polen wegen
               seines evangelischen Glaubens nach Breslau übersiedeln
               muß.

1636–1643 Besuch des Elisabeth-Gymnasiums, an dem Christoph
               Köler, Freund und Biograph von Martin Opitz, Rhetorik
               und Poetik unterrichtet. Als Schüler schreibt Angelus
               Silesius erste Gedichte. Sein Schulfreund ist der bald
               konvertierte Andreas Scultetus, mit dem er lateinische
               Gelegenheitsgedichte drucken läßt.

1642   »Bonus Consiliarus«, (erschienen in Breslau, 352 deutsche
               Alexandriner).

1643   *4. Mai:* Angelus Silesius geht nach Straßburg, um Medizin
               und Staatsrecht zu studieren.
               6. September 1644 – *Herbst* 1647
               Er setzt in Leiden sein Studium fort; Lektüre der Schriften
               Böhmes und der Mystiker.

1647   *25. September:* Angelus Silesius besucht die Universität
               Padua.

1648   *9. Juli:* Silesius erhält den Doktorgrad der Philosophie
               und Medizin der Universität Padua.

1649   *3. November:* Angelus Silesius tritt als Hof- und Leibarzt
               in den Dienst des lutherisch-orthodoxen Herzogs Sylvius
               Nimrod von Württemberg in Oels bei Breslau. Einen
               nachhaltigen Einfluß übt Abraham von Franckenberg,
               der Freund und Biograph Jacob Böhmes, auf ihn aus.
               Der Verkehr mit Franckenberg und die Benutzung seiner
               Bibliothek erlauben Angelus Silesius eine intensive Be-
               schäftigung mit den Werken der Mystiker. Nach Fran-
               ckenbergs Tod und wegen eines Streits mit dem Oelser
               Hofprediger Rückkehr nach Breslau.

1652   »Christliches Ehrengedächtniß des Herrn Abraham von

Franckenberg. Oels«.

»Gründtliche Ursachen und Motiven, warumb Er Von dem Lutherthumb abgetretten, und sich zu der Catholischen Kyrchen bekennet hat« (Erschienen in Ingolstadt). *12. Juni:* Angelius läßt sich als Arzt im St. Matthias-Stift in Breslau nieder und tritt zum Katholizismus über, vermutlich in der Hoffnung, beim Katholizismus Stoff für seine mystischen Ideen zu finden. Bei der Firmung nimmt er den Namen Angelus an, nach dem spanischen Mystiker Johannes de Angelis.

Nach seiner Konversion setzt sich Angelus Silesius in zahlreichen Streitschriften fanatisch für die Rekatholisierung Schlesiens ein. Er führt in ihnen scharfe Polemiken mit den Protestanten und fordert die Herrscher auf, die Andersgläubigen – auch mit Gewalt – zum Wechsel der Konfession zu zwingen.

Sein väterliches Erbe nutzt er für Almosen und für fromme und wohltätige Tätigkeiten.

1654 Er erhält von Kaiser Ferdinand III. den Titel des kaiserlich-königlichen Hofmedicus und wird Mitglied der Rosenkranzbruderschaft.

1657 Er publiziert in Wien seine berühmten Epigramme »Geistreiche Sinn- und Schlussr[e]ime«, die seit der zweiten, um ein sechstes Buch vermehrten Ausgabe den Haupttitel »Cherubinischer Wandersmann« tragen. Berühmt wird Angelus Silesius durch seine »Sinnreime«, eine Sammlung meist zweizeiliger Sprüche in gereimten Alexandrinern. Vorbild sind für ihn die Epigramme von Abraham von Franckenberg, Daniel Sudermann, Daniel Czepko und Johann Theodor von Tschesch. Die »geheime Gottes Weißheit« lehren ihn unter anderem Augustinus, Bernhard von Clairvaux, Eckhart, Mechthild und Gertrud, Johannes vom Kreuz, Jacob Böhme und Valentin Weigel. Im Vorwort nennt Angelius die mystischen Schriften von Ruysbroeck, Tauler, Harphius, Maximilian Sandeus und de la Puente.

In Breslau erscheint auch die »Heilige Seelen-Lust Oder

Geistliche Hirten-Lieder« (Zweite, um ein fünftes Buch vermehrte Ausgabe, Breslau 1668). Den Großteil der Melodien zu den Liedern schreibt der Breslauer fürstbischöfliche Musiker Georg Joseph. Etwa 50 der Geistlichen Hirtenlieder gehen in das Hallesche Gesangbuch ein.

Er veröffentlicht eine Sinnliche Beschreibung »Der Vier Letzten Dinge« (Schweidnitz). In diesem letzten – umstrittenen – poetischen Werk (erschienen in Schweidnitz) beabsichtigt Angelus Silesius eine Schilderung des Todes und des Jüngsten Gerichts. Mit 157 achtzeiligen Strophen erweitert er besonders den 4. Teil der Dichtung.

1661   *21. Mai:* Angelus Silesius empfängt die Priesterweihe in Neiße.

Minorit in Breslau.

1. Juni 1664–1666

Angelus Silesius steht als Rat und Hofmarschall im Dienst des Breslauer Fürstbischofs Sebastian von Rostock. Das letzte Lebensjahrzehnt verbringt er im St. Matthias-Stift, wo er als Arzt und Priester tätig ist.

Seit 1667   Er führt ein zurückgezogenes Leben im Kreuzherrenstift St. Matthias in Breslau.

1675   »Cherubinischer Wandersmann oder Geist-Reiche Sinn- und Schluß-Reime mit dem sechsten Buche vermehrt«, erscheint in Glatz unter Einfluß von V. Weigel, Tauler, Eckhart, Seuse, Ruysbroek und der spanischen Mystiker.

1676   »Köstliche Evangelische Perle«, (erschienen in Glatz, Übersetzung).

1677   39 seiner Kampfschriften gibt in Neiße als Druck heraus: »Ecciesiologia Oder Kirche-Beschreibung«, 2 Teile, (Neiße, 39 antilutherische Streitschriften, darunter auch bisher unveröffentlichte »Tractätlein«).

9. Juli: Angelus Silesius stirbt nach langem Krankheitsleiden im 52. Lebensjahr an seinen »Lungenbeschwerden« in Breslau.

HOFENBERG

HOFENBERG

HOFENBERG

Erzählungen aus dem Biedermeier

Biedermeier - das klingt in heutigen Ohren nach langweiligem Spießertum, nach geschmacklosen rosa Teetässchen in Wohnzimmern, die aussehen wie Puppenstuben und in denen es irgendwie nach »Omma« riecht.

Zu Recht. Aber nicht nur.

Biedermeier ist auch die Zeit einer zarten Literatur der Flucht ins Idyll, des Rückzuges ins private Glück und der Tugenden. Die Menschen im Europa nach Napoleon hatten die Nase voll von großen neuen Ideen, das aufstrebende Bürgertum forderte und entwickelte eine eigene Kunst und Kultur für sich, die unabhängig von feudaler Großmannssucht bestehen sollte.

Georg Büchner Lenz **Karl Gutzkow** Wally, die Zweiflerin **Annette von Droste-Hülshoff** Die Judenbuche **Friedrich Hebbel** Matteo **Jeremias Gotthelf** Elsi, die seltsame Magd **Georg Weerth** Fragment eines Romans **Franz Grillparzer** Der arme Spielmann **Eduard Mörike** Mozart auf der Reise nach Prag **Berthold Auerbach** Der Viereckig oder die amerikanische Kiste

ISBN 978-3-8430-1884-5, 444 Seiten, 29,80 €

Erzählungen aus dem Biedermeier II

Annette von Droste-Hülshoff Ledwina **Franz Grillparzer** Das Kloster bei Sendomir **Friedrich Hebbel** Schnock **Eduard Mörike** Der Schatz **Georg Weerth** Leben und Taten des berühmten Ritters Schnapphahnski **Jeremias Gotthelf** Das Erdbeerimareili **Berthold Auerbach** Lucifer

ISBN 978-3-8430-1885-2, 440 Seiten, 29,80 €

Erzählungen aus dem Biedermeier III

Eduard Mörike Lucie Gelmeroth **Annette von Droste-Hülshoff** Westfälische Schilderungen **Annette von Droste-Hülshoff** Bei uns zulande auf dem Lande **Berthold Auerbach** Brosi und Moni **Jeremias Gotthelf** Die schwarze Spinne **Friedrich Hebbel** Anna **Friedrich Hebbel** Die Kuh **Jeremias Gotthelf** Barthli der Korber **Berthold Auerbach** Barfüßele

ISBN 978-3-8430-1886-9, 452 Seiten, 29,80 €

Karl-Maria Guth (Hg.)

Erzählungen der Frühromantik

HOFENBERG

Karl-Maria Guth (Hg.)

Erzählungen der Hochromantik

HOFENBERG

Karl-Maria Guth (Hg.)

Erzählungen der Spätromantik

HOFENBERG

Erzählungen der Frühromantik

1799 schreibt Novalis seinen Heinrich von Ofterdingen und schafft mit der blauen Blume, nach der der Jüngling sich sehnt, das Symbol einer der wirkungsmächtigsten Epochen unseres Kulturkreises. Ricarda Huch wird dazu viel später bemerken: »Die blaue Blume ist aber das, was jeder sucht, ohne es selbst zu wissen, nenne man es nun Gott, Ewigkeit oder Liebe.«

Tieck Peter Lebrecht **Günderrode** Geschichte eines Braminen **Novalis** Heinrich von Ofterdingen **Schlegel** Lucinde **Jean Paul** Des Luftschiffers Giannozzo Seebuch **Novalis** Die Lehrlinge zu Sais
ISBN 978-3-8430-1878-4, 416 Seiten, 29,80 €

Erzählungen der Hochromantik

Zwischen 1804 und 1815 ist Heidelberg das intellektuelle Zentrum einer Bewegung, die sich von dort aus in der Welt verbreitet. Individuelles Erleben von Idylle und Harmonie, die Innerlichkeit der Seele sind die zentralen Themen der Hochromantik als Gegenbewegung zur von der Antike inspirierten Klassik und der vernunftgetriebenen Aufklärung.

Chamisso Adelberts Fabel **Jean Paul** Des Feldpredigers Schmelzle Reise nach Flätz **Brentano** Aus der Chronika eines fahrenden Schülers **Motte Fouqué** Undine **Arnim** Isabella von Ägypten **Chamisso** Peter Schlemihls wundersame Geschichte **Hoffmann** Der Sandmann **Hoffmann** Der goldne Topf
ISBN 978-3-8430-1879-1, 408 Seiten, 29,80 €

Erzählungen der Spätromantik

Im nach dem Wiener Kongress neugeordneten Europa entsteht seit 1815 große Literatur der Sehnsucht und der Melancholie. Die Schattenseiten der menschlichen Seele, Leidenschaft und die Hinwendung zum Religiösen sind die Themen der Spätromantik.

Brentano Die drei Nüsse **Brentano** Geschichte vom braven Kasperl und dem schönen Annerl **Hoffmann** Das steinerne Herz **Eichendorff** Das Marmorbild **Arnim** Die Majoratsherren **Hoffmann** Das Fräulein von Scuderi **Tieck** Die Gemälde **Hauff** Phantasien im Bremer Ratskeller **Hauff** Jud Süss **Eichendorff** Viel Lärmen um Nichts **Eichendorff** Die Glücksritter
ISBN 978-3-8430-1880-7, 440 Seiten, 29,80 €

Dekadente Erzählungen

Im kulturellen Verfall des Fin de siècle wendet sich die Dekadenz ab von der Natur und dem realen Leben, hin zu raffinierten ästhetischen Empfindungen zwischen ausschweifender Lebenslust und fatalem Überdruss. Gegen Moral und Bürgertum frönt sie mit überfeinen Sinnen einem subtilen Schönheitskult, der die Kunst nichts anderem als ihr selbst verpflichtet sieht.

Rainer Maria Rilke Die Aufzeichnungen des Malte Laurids Brigge **Joris-Karl Huysmans** Gegen den Strich **Hermann Bahr** Die gute Schule **Hugo von Hofmannsthal** Das Märchen der 672. Nacht **Rainer Maria Rilke** Die Weise von Liebe und Tod des Cornets Christoph Rilke

ISBN 978-3-8430-1881-4, 412 Seiten, 29,80 €

Erzählungen aus dem Sturm und Drang

Zwischen 1765 und 1785 geht ein Ruck durch die deutsche Literatur. Sehr junge Autoren lehnen sich auf gegen den belehrenden Charakter der - die damalige Geisteskultur beherrschenden - Aufklärung. Mit Fantasie und Gemütskraft stürmen und drängen sie gegen die Moralvorstellungen des Feudalsystems, setzen Gefühl vor Verstand und fordern die Selbstständigkeit des Originalgenies.

Jakob Michael Reinhold Lenz Zerbin oder Die neuere Philosophie **Johann Karl Wezel** Silvans Bibliothek oder die gelehrten Abenteuer **Karl Philipp Moritz** Andreas Hartknopf. Eine Allegorie **Friedrich Schiller** Der Geisterseher **Johann Wolfgang Goethe** Die Leiden des jungen Werther **Friedrich Maximilian Klinger** Fausts Leben, Taten und Höllenfahrt

ISBN 978-3-8430-1882-1, 476 Seiten, 29,80 €

Erzählungen aus dem Sturm und Drang II

Johann Karl Wezel Kakerlak oder die Geschichte eines Rosenkreuzers **Gottfried August Bürger** Münchhausen **Friedrich Schiller** Der Verbrecher aus verlorener Ehre **Karl Philipp Moritz** Andreas Hartknopfs Predigerjahre **Jakob Michael Reinhold Lenz** Der Waldbruder **Friedrich Maximilian Klinger** Geschichte eines Teutschen der neusten Zeit

ISBN 978-3-8430-1883-8, 436 Seiten, 29,80 €